糸をかがって、ころころ、てんてん

小さなてまりと かわいい雑貨

Little TEMARI & Accessories

寺島綾子

日本文芸社

はじめに

その昔
『源氏物語』や『枕草子』にも
書かれた
日本古来の「てまり」。
色とりどりにかがった
華やかなもようは
眺めているだけで
うっとりする美しさです。
その美しさをもっと身近に
感じてほしいと考えたのが
本書で紹介する「小さな」てまり。

つややかな絹糸でかがる
豪華な花もようが特徴の
「加賀てまり」を小さく、かわいく
指先サイズで再現しました。
小さいからかがる分量も少ないうえに
糸とわたと針があればできちゃう
手軽さもうれしい!
あなたも
お気に入りのモチーフをかがり、
小さな雑貨に仕立てて……
てまり遊びをはじめてみませんか。

てまりづくりをはじめましょう

一

わたに糸を巻いて
土台まりをつくる

二

目印をつける

三

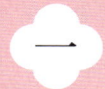

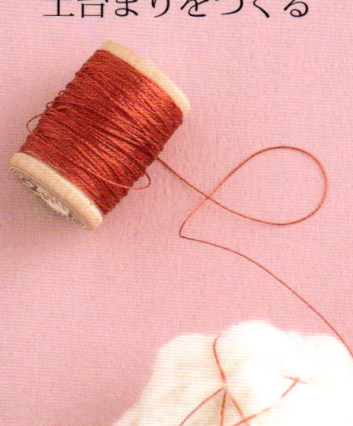

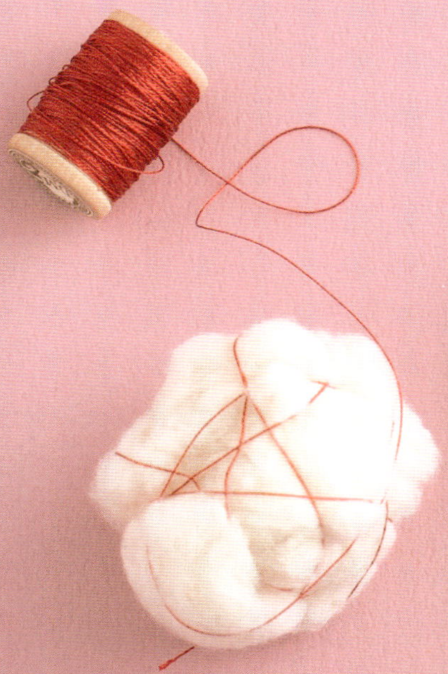

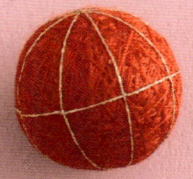

もようをかがる

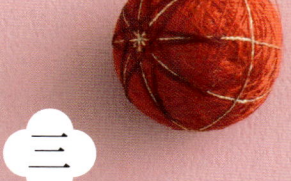

四 糸を変えて
くり返しかがる

五 できた！

小さなてまりとかわいい雑貨

contents

きほんのてまり
日本のもようを楽しむ

	page
はじめに ……………………………………… 2	二ツ菊 ……………………………………… 9 / 50
てまりづくりをはじめましょう ……… 4	ねじり菊 …………………………………… 8 / 54
	観世八重菊 ………………………………… 8 / 55
	桜 …………………………………………… 10 / 56
	花桃・桔梗 ………………………………… 11 / 58
	星かがりの薔薇 …………………………… 12 / 60
	水仙 ………………………………………… 13 / 62
	ポンポン菊 ………………………………… 14 / 64
	山茶花 ……………………………………… 15 / 66
	福寿草 ……………………………………… 16 / 68
	つむ十字 …………………………………… 17 / 70
	三つ重ねつむ ……………………………… 17 / 72
	菱つなぎ …………………………………… 18 / 73
	ねじり菱 …………………………………… 18 / 75
	朱竹に鶴 …………………………………… 19 / 76
	薔薇 ………………………………………… 20 / 78
	ねじります ………………………………… 21 / 80

Lesson 2

てまりを連れて
てまりでつくる小さな雑貨

page

モガのかんざし	22 / 82
千夜一夜の帯飾り	24 / 83
アラジンのスマホピアス	25 / 84
小さな花たちのペンダント＆ピアス	26 / 85
花火のペンダント	27 / 86
野の花のラリエット	28 / 87
秘密の夜のブローチ	30 / 88
小粋な紳士のハットピン	31 / 89
魔法使いにもらったリング	32 / 90
あの子がくれたブーケのヘアゴム	33 / 90
初雪のブレスレット	34 / 91
星空のストール	35 / 92
初恋みたいなバッグチャーム	36 / 93
虹をとじこめたガーランド	37 / 94
あったか色のピンクッション	38 / 94

How to make

道具	40
材料	41
きほん❶ 土台まりをつくる	42
きほん❷ 8等分地割り	43
地割りのバリエーション	46
応用　　8等分組み合わせ地割り	47
きほん❸ モチーフをかがる	48
雑貨のきほん❶ てまりにパーツを通す	95
雑貨のきほん❷ パーツどうしをつなぐ	95

Lesson 1
きほんのてまり
日本のもようを楽しむ

花や幾何学、動物など、季節の移ろいや
縁起が込められた、てまりの図案。
色合わせはもちろん、段数や分割を変えて
てまりづくりを楽しみましょう。

観世八重菊

ねじり菊

二ツ菊
Futatsugiku

How to make
page 50

花びらが八重に広がる華やかな「二ツ菊」は、いちばん基本になるモチーフ。上下にひと花ずつかがりましょう。「ねじり菊」と「観世八重菊」はこの図案のアレンジです。

Lesson1　きほんのてまり

桜 Sakura

How to make
page 56

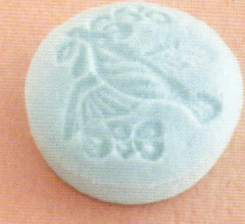

「二ツ菊」の、かがる位置と段数を変えると「桜」になります。ピンクをベースにパステルカラーの色合わせで、春の桜を演出しましょう。

花桃

桔梗

同じ花形モチーフも、ピンクでかがれば「花桃」、紫でかがれば「桔梗」になります。上下の花の間は松葉かがりで華やかさをプラスしました。

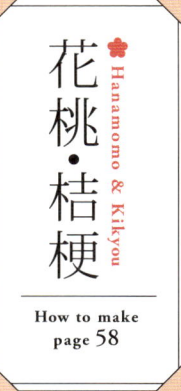

花桃・桔梗
Hanamomo & Kikyou

How to make
page 58

星かがりの薔薇

Hoshikagarinobara

How to make page 60

大・中・小の星を重ねた、ちょっぴり洋風にも見えるモチーフ。沖縄など南方の島では、こうした星形のてまりには魔除けの意味があったとか。濃い地色が似合います。

水仙
Suisen

How to make
page 62

六角形の亀甲のまわりに3枚の羽根が広がる伝統の「三ツ羽根亀甲」を、二重にかがり「水仙」を描きました。清廉な初春の空気をイメージした色合わせがポイントです。

ポンポン菊
Ponpongiku

How to make
page 64

てまりは使用するかがり糸でも雰囲気が変化。「ポンポン菊」の花びらは太くてあたたかみのある刺繍糸でかがりました。絹糸よりもほっこりやわらかな仕上がりに！

中心部を大きく空け、金糸で繊細にかがった松葉かがりが印象的な「山茶花」。この金糸を引き立てるこげ茶の地巻き糸が◎。小さな花びらもシックな大人の雰囲気です。

How to make
page 66

糸を上下にかがる千鳥かがりを、黄から緑のグラデーションの糸でまり全体に施して、何層にも重なった咲きはじめの福寿草を表現しました。

福寿草
Fukujusou

How to make
page 68

つむ十字・三つ重ねつむ

Tsumujūji & Mitsugasanetsumu

How to make
page 70,72

つむ十字

三つ重ねつむ

笹の葉にも見える「つむ」は、機織りに用いる糸巻き・つむ紡錘のかたちに似ていることから名づけられたそうです。糸を渡す幅が広いので、かがった糸がずれないよう注意を。

Lesson1　きほんのてまり　17

菱つなぎ・ねじり菱

Hishitsunagi & Nejirihishi

How to make
page 73, 75

ねじり菱

菱つなぎ

菱形モチーフをつないだ2種類のてまり。季節を問わないモダンなモチーフなので、アクセサリーはもちろん、帯飾りなどの和小物に仕立てるのもおすすめです。

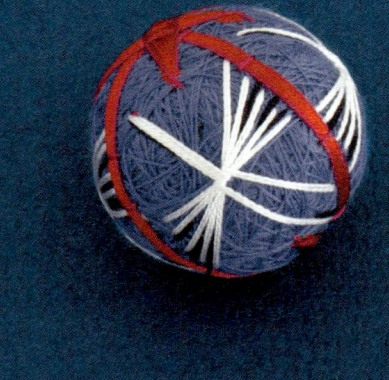

松葉かがりで、大きく羽を広げる
鶴を表現しています。おめでたいモ
チーフながら、シンプルでシックな
てまり。雰囲気を生かすなら、落ち
着いた色合わせがおすすめです。

朱竹に鶴
Shuchikunitsuru

How to make
Page 76

Lesson1　きほんのてまり　19

薔薇
Bara

How to make
page 78

四角形を何層にも重ねる「ます重ね」を、薔薇の花に見立てて。8等分組み合わせ地割り(⇒p.47)でまりに6つの薔薇を咲かせます。でき上がりの美しさも格別!

ねじります
Nejirimasu

How to make
page 80

「薔薇」と同じく8等分組み合わせ地割りの作品。かがる量が少ない分、薔薇よりも手軽に挑戦できます。すき間は小さな2種類の松葉かがりでうめましょう。

Lesson 2
てまりを連れて
てまりでつくる小さな雑貨

せっかくつくったてまり。飾るだけじゃもったいない！ そんな気持ちから生まれたてまりの小さな雑貨たち。好みのてまりができたら、さっそく仕立ててみましょう。

A

Moga's kanzashi

モガのかんざし

How to make page 82

B C

かんざしはてまりを使って仕立てるのにぴったりの雑貨です。先端にはタッセルや天然石など好みのチャームをつなげましょう。

Lesson2 てまりを連れて 23

Obikazari of Arabian nights

千夜一夜の帯飾り

How to make page 83

てまりの色合い同様、天然石もグラデーションにつないで、ゆらゆら揺れる帯飾り。季節を問わない「ねじり菱」のてまりで仕立てました。

Aladdin's strap
アラジンの
スマホピアス
How to make page 84

Aはだ円型、Bは大小のてまりをつなげたひょうたん型の変わり種。ストラップは携帯電話に合わせてアレンジしましょう。

Lesson2 てまりを連れて 25

Pendant & pierce of small flowers
小さな花たちの
ペンダント＆ピアス
How to make page 85

ピアスは円周4cm、ペンダントは円周6cmの小さなてまりたち。ピアスのてまりは指先ほどの大きさです。かがるモチーフは少し省略するとよいでしょう。

Lariat of wild flowers
野の花のラリエット
How to make page 87

円周6cmの小さなてまりを4つつなげたラリエットタイプのネックレス。3個の「二ツ菊」は糸を2色にして、素朴でかわいらしい雰囲気に。

Lesson2 てまりを連れて 29

Brooch of secret night

秘密の夜のブローチ

How to make page 88

ブローチのシャワー台をわたでくるんだ半球のてまりを、小さなブローチに！パールやリボンでガーリーに仕上げましょう。

Chic gentleman's hatpin
小粋な紳士の ハットピン
How to make　page 89

かんざしはなかなかしない…という方におすすめのハットピン。コートやジャケットにコーディネートしてもかわいい！

Ring got from the magician
魔法使いに
もらったリング
How to make　page 90

リング台に円周6cmのてまりをのせたシンプルなリング。「二ツ菊」の図案をアレンジして、てまり全体を花びらで覆ったようなまりのデザインに。

Hair accessary of the bouquet which girl gave
あの子がくれた ブーケのヘアゴム
How to make page 90

花糸で仕立てたてまりは、ほっこりやさしい雰囲気に。中央の松葉かがりに玉どめをプラスすると花のおしべのようになります。

Bracelet of first snow
初雪のブレスレット
How to make page 91

白1色でかがった「福寿草」は、雪の結晶のイメージ。太めのチェーンに結晶のチャームといっしょにつないで。バッグチャームにしても◎。

モチーフをかがる前の土台
まりを使ったストール。リリ
ヤン糸をほどいて、地巻き
糸といっしょに巻けば、きら
きらと星が光る夜空みたい
なてまりに！

Stole of starry sky

星空のストール

How to make page 92

Lesson2 てまりを連れて 35

Charm of first love
初恋みたいな バッグチャーム
How to make page 93

円周10cmのてまりをシンプルなバッグチャームに。大きめのてまりはざっくりとした太めの糸でかがるのがおすすめ。1色の花でも糸の立体感で陰影が出ます。

Garland of rainbow

虹をとじこめた
ガーランド

How to make　page 94

大小3種類のてまりを自由につなげて、ポップなガーランドにまとめました。大てまりに糸でグラデーションのアクセントを加えたのがポイント！

Lesson2　てまりを連れて　37

Pincushion of warm colors
あったか色の ピンクッション

How to make　page 94

A

B

4本どりの刺繍糸でざっくりとモチーフをかがった北欧テイストのてまり。かがるのは上半分だけだから、ビギナーさんにもぴったりの雑貨です。

How to make

さまざまな糸を順番に渡して、花もようを描くてまり。一見複雑そうに見える手順も、実は同じことの繰り返しです。きほんのてまりはすべて周囲8cmサイズで紹介しています。

◆てまりづくりの基本手順

1 土台まりをつくる ⇒p.42
モチーフをかがる前の、1色の糸を巻いたまりが「土台まり」です。芯はわたを使用します。

2 地割りをする ⇒p.43
モチーフをかがるための目印として、てまりを均等に分割します。まち針で位置決めをして、そこに糸を渡しましょう。

3 モチーフをかがる ⇒p.48
地割りの糸を所定の位置ですくいながら、順番に糸をかがります。本書では主に「千鳥かがり」と「松葉かがり」の2種類を使用しました。

◆表と図の見方

松葉
モチーフ
帯
1周め
2周め
5段 ●●●○○

材料＆配色表

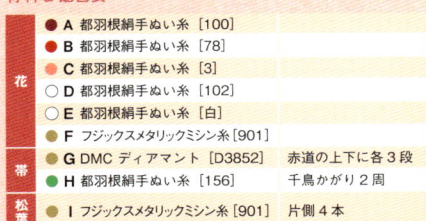

花	● A	都羽根絹手ぬい糸 [100]	
	● B	都羽根絹手ぬい糸 [78]	
	● C	都羽根絹手ぬい糸 [3]	
	○ D	都羽根絹手ぬい糸 [102]	
	○ E	都羽根絹手ぬい糸 [白]	
	F	フジックスメタリックミシン糸 [901]	
帯	G	DMC ディアマント [D3852]	赤道の上下に各3段
	H	都羽根絹手ぬい糸 [156]	千鳥かがり2周
松葉	I	フジックスメタリックミシン糸 [901]	片側4本

モチーフに使用するかがり糸の種類と配色を紹介。○の色は下の図案の段数に対応しています。

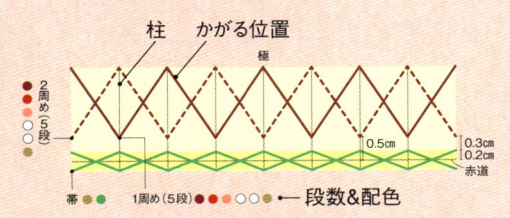

柱　かがる位置
極
2周め
(5段)
0.5cm
0.3cm
0.2cm
赤道
帯　1周め(5段)　●●○○○　段数＆配色

球体の上下半分を平面に展開した図案。柱の数、糸をかがる位置・段数と配色を表しています。

道具

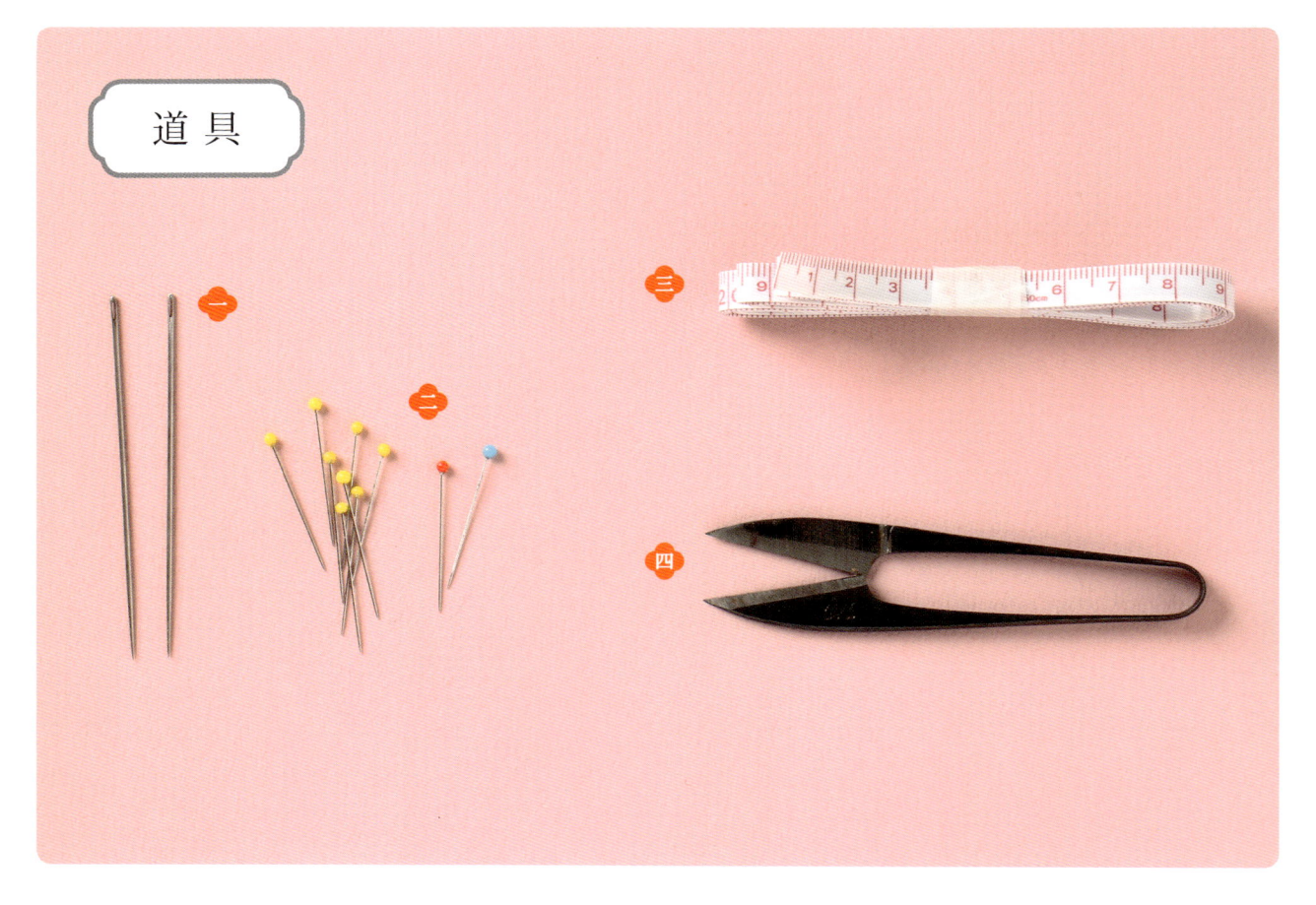

一 かがり用針

モチーフをかがるのに使う針。本書ではふとん針を使用していますが、太くて長めの針ならなんでもOK。通常のモチーフでは1本ですが、「つむ十字」は2本、「三つ重ねつむ」は3本同時に使います。

二 まち針

地割りをする際や、モチーフをかがる際の目印に使います。3色程度用意し、うち1色は15本くらいあると安心です。

三 メジャー

地割りをする際や、モチーフをかがる際の目印つけに使います。メジャーの端が0になっているものが測りやすいでしょう。手に入らない場合は端を切って使っても。

四 糸切りはさみ

糸の始末の際に使います。てまりが小さいので刃先が細いものがいいでしょう。

材料

一 わた

てまりの芯の素材。本書では布団わたを使っていますが、手芸わたなど手に入りやすいわたで構いません。

二 地巻き糸＆地割り糸

土台まりを巻く地巻き糸は、量が多く安価なロックミシン用の90〜100番糸。かがる目印・地割り用の糸は金または銀の40番糸（COUNTRY MAMA メタリックスレッド）がおすすめです。

三 かがり糸

モチーフをかがるための糸。本書では、つややかで発色のよい「都羽根絹手ぬい糸9号」、やわらかな雰囲気の「DMC25番刺繍糸」などを使っています。金糸（フジックスメタリックミシン糸1号）は、華やかさをプラスしたいときに。基本的にすべて2本取りで使用。

四 帯用糸

上下にかがったモチーフの中央、てまりの赤道にあたる部分に巻く帯のための糸。本書では金糸（DMCディアマントメタリック刺繍糸）を使用することが多いですが、「オリヅル絹穴糸16号」など太めの手縫い糸ならば何色でもいいでしょう。

How to make 41

きほん ❶ 土台まりをつくる

材料
手芸わた
ロックミシン糸

わたをちぎる

1 わたをちぎり、軽くつぶしてまとめる。円周8cmのてまりなら、最初は手のひら程度の量が目安。

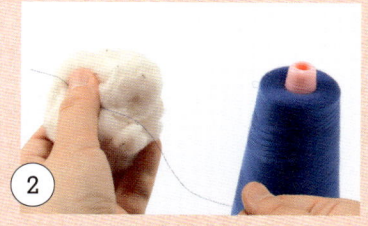

2 わたを軽く球状にしたら、地巻き糸（ロックミシン糸）の端をわたにあてる。

糸を巻く

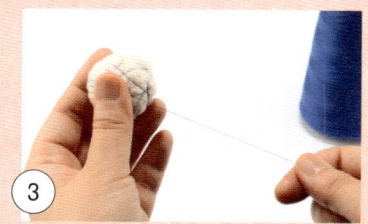

3 地巻き糸をわたにぐるぐると不規則に巻く。糸は机の上よりも足元に立てて置くと、転がらず、糸も引き出しやすい。

4 糸を巻く際は、片方の手でわたをゆっくり角度を変えて回しながら巻く。
Point わたが出っ張った部分には、山をつぶすように糸をかける。

NG 何度も同じ方向・場所に巻かない 
同じ場所、同じ方向に続けて巻くと球状になりにくいうえ、1か所だけかたくなる。

5 ある程度糸を巻き、球状に近づいてきたら、円周をメジャーで測る。
Point 寸法が足りない場合やへこんだ部分には、少しずつわたを足すとよい。

糸を切る

6 わたが見えなくなり、どこから測っても同じ円周になったら完成！　糸端に針を通しまりに刺す。少し離れた場所出し、その位置に再度針を入れ、何度か往復させる（⇒ p.48）。

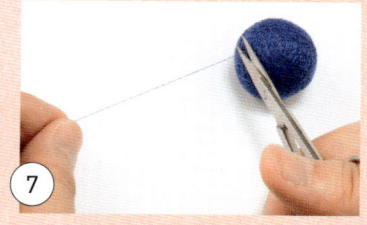

7 糸端をまりのぎりぎりの位置で切る。まりに巻いた糸は、巻いてあるだけで安定してないためほどけやすい。扱いには注意。

きほん❷ 地割り 8等分

地割りってなに？
さまざまなモチーフをかがるための目印、ガイド線として、てまりを等分に分割する工程を「地割り」といいます。てまりを地球に見立てて目印をつけましょう。

材料
土台まり
まち針
地割り糸

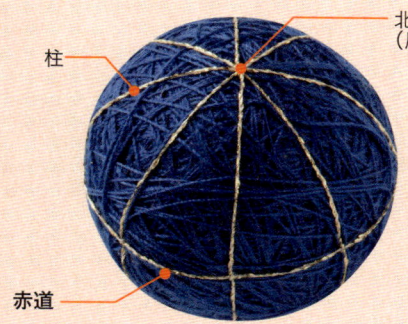

北極（反対側は南極）
柱
赤道

北極の位置を決める

1 北極の目印にするまち針の色を決め（本書では青）、土台まりの好きな場所に打つ。

南極の位置を決める

2 北極にメジャーの0をあて、円周の半分の位置（写真は円周8cmのため、4cmの位置）に、南極用のまち針（赤）を打つ。どの角度から測っても同じ寸法になるよう位置を微調整する。

赤道の位置を決める

3 北極から南極まで再度メジャーをあて、半分の位置（写真は2cmの位置）に赤道用のまち針（白）を打つ。反対側の円周の半分の位置にも打つ。

4 手順③の2か所のまち針にメジャーを渡し、図案に合わせた分割になるよう寸法を測って（8等分地割りなので、円周8cmを8分割し1cmごとに6本）まち針（黄）を打つ。

5 赤道にまち針（白・黄）の高さがそろうよう、南極から北極までメジャーで測り、南極と北極の中央の位置（写真は2cmの位置）に手順③④のまち針を微調整する。

目印が決定!

北極から刺しはじめる

⑥ 北極のまち針の根もとに針を入れ、適当なところから針を出す（写真では見やすいよう、別の糸を使用）。

⑦ 手順⑥の位置で玉止めをする。針をはずし、北極側の糸端につけ直したら、糸を引いて玉止めをまりのなかに隠す。

⑧ 糸を引いても隠れない玉止め部分は、針の反対側を使って押し込み、まりのなかに隠す。玉止めで余った糸は、切る。

柱をつくる

⑨ 北極を始点にまりを回転させながら、赤道のまち針（白）へ糸を渡す。

⑩ 南極→反対側のまち針（白）を通って糸を1周巻く。北極を通り、そのまま手順⑨で糸を渡した赤道のまち針（白）から1つ上のまち針❶へ糸を渡す。

⑪ まち針❶を通って1周巻いたら、北極を通り、まりを回転させ、まち針❷へ糸を渡す。

Point まりを回転させるときは、北極のまち針に糸をかけながら回す。

柱をかがり留める

⑫ ⑨～⑪の要領で3周半したら、南極の糸の交差部分をまりごとすくってかがり留める。

Point まち針の根元に針を入れるようにすくう。

⑬ すべての柱が留まっているか確認し、南極のまち針を取る。そのまま北極に戻る。

Point もし、留めもらした柱があった場合、すべて留まるまで何度もかがる。

⑭ 手順⑫の要領で北極の糸の交差部分をかがり留める。そのまま適当なところへ、糸を出し、北極のまち針を取る。

赤道をつくる

⑮ 手順⑭で糸を出したところで、玉止めをする。

⑯ 玉止めの糸が出ている穴と同じ穴に針を入れ、赤道のまち針（白）がある柱の右から針を出す。

⑰ 糸を引き、玉止めを手順②、③の要領で隠す。まりを回しながら、横方向に糸を渡す。

⑱ 糸を赤道のまち針に沿って、1周する。

⑲ 始点のまち針（白）まで戻ったら、まち針に糸をひっかける。そのまま赤道と柱の交差部分を右下からまりごとすくって左上に出す。

赤道をかがり留める

⑳ もう一度赤道と柱の交差部分の右下から針を入れ、隣の柱の交差部分の左上に出す。

㉑ 手順⑲、⑳を繰り返し、すべての柱と赤道をかがり留める。

㉒ 最後は、適当な位置で返し針をし、糸を切ってかがり終える（⇒ p.48）。

地割りのバリエーション

地割りをする際、まりを分割する数はかがるモチーフに合わせて変えます。きほんの均等割りの場合、北極と南極の位置を決めた後、赤道のまち針の打つ数で調整します。例えば同じ「二ツ菊」の図案でも、分割数によって印象はがらりと変わるので、ぜひ試してみましょう。

4等分地割り

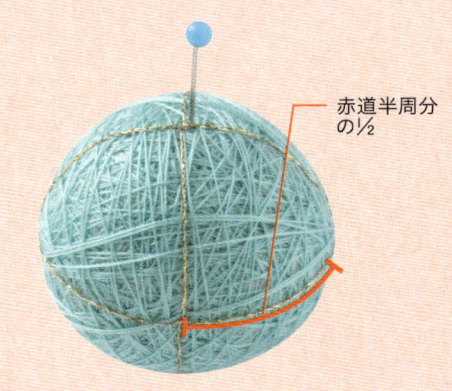

赤道半周分の1/2

北極から南極までをメジャーで測り1/2の位置に赤道のまち針を打つ。円周の反対側にもう1本打つ。この後、赤道半周分をそれぞれ2分割する。「つむ十字」(⇒p.70)などをかがる際の地割り。

6等分地割り

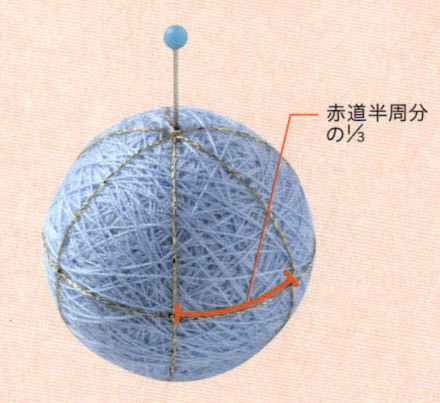

赤道半周分の1/3

4等分地割りの要領で赤道のまち針を打ち、赤道半周分をそれぞれ3分割してまち針を打つ。「水仙」(⇒p.62)などをかがる際の地割り。

10等分地割り

赤道半周分の1/5

4等分地割りの要領で赤道のまち針を打ち、赤道半周分をそれぞれ5分割してまち針を打つ。「桜」(⇒p.56)「星かがりの薔薇」(⇒p.60)などをかがる際の地割り。

16等分地割り

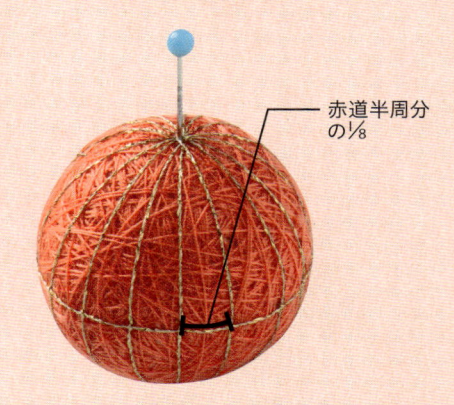

赤道半周分の1/8

4等分地割りの要領で赤道のまち針を打ち、赤道半周分をそれぞれ8分割してまち針を打つ。「ポンポン菊」(⇒p.64)「福寿草」(⇒p.68)などをかがる際の地割り。

応用 8等分組み合わせ地割り

材料
8等分地割りの土台まり
地割り糸

印をつける

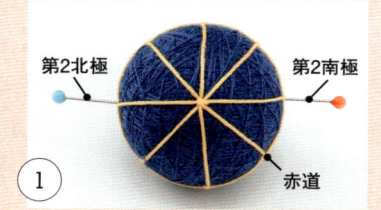

1
8等分地割り(⇒p.44)を用意し、赤道と柱の交差点のひとつに第2北極のまち針(青)を打つ。第2北極の反対側に、第2南極のまち針(赤)を打つ。

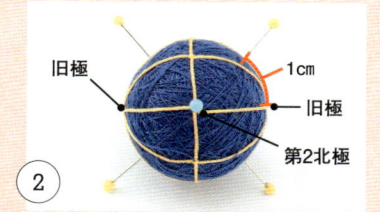

2
第2北極が手前になるように、まりを90°回転させる。8等分地割りの極(旧極)から、柱沿いに1cmの位置に第2柱のまち針(黄)を4本打つ。

第2柱をつくる

3
8等分地割り(⇒p.44手順⑥～⑧)と同じ要領で第2北極から糸を出し、第2柱のまち針の1つへ糸を渡す。そのまま第2南極と反対側の第2柱のまち針を通って、第2北極まで戻り、第2北極のまち針に糸を引っかける。

4
交差させた糸を、糸を渡していない第2柱のまち針の1つまで渡して半周し、第2南極の部分で交差点をまりごとすくってかがり留める。

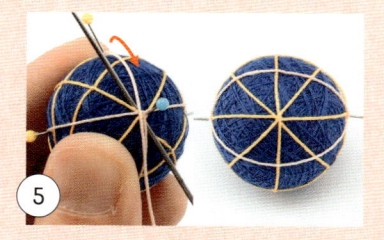

5
糸を渡していない第2柱のまち針を通り半周して、第2北極まで戻ったら、交差点でまりごとすくって留める。1つめの組み合わせ地割りが完成(ピンク糸)。

新たに印をつける

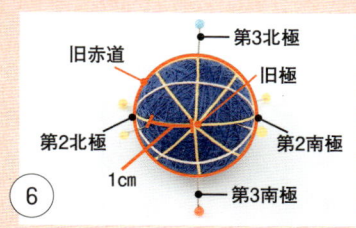

6
第2北極から、旧赤道に沿って90°回転させた位置に、第3北極のまち針(青)を、反対側に第3南極のまち針(赤)を打つ。旧極から1cmの位置に、第3柱のまち針(黄)を4本打つ。

第3柱をつくる

7
手順③の要領で第3北極から糸を出し、第3柱のまち針の1つへ糸を渡す。

8
手順③～⑤の要領で、2つめの組み合わせ地割りをかがる(水色の糸)。

きほん ❸ モチーフをかがる

Technique 1 かがりはじめ

かがり糸は、絹糸も25番刺繍糸も本書では基本的にすべて2本どり。針に140cm程度に切った糸を通し玉結びをする。針の後ろでまりを刺し、穴をつくる。そこから針を入れてスタート位置に針を出すと、玉結びがまりのなかに隠れる。

針の後ろ

Technique 2 糸を整える

渡した糸が重なったり、ねじれたり、すき間ができたりすると、とたんにモチーフが台無しに！ つねに針の後ろでかたちを整えて。

Technique 3 かがり終わり（返し針）

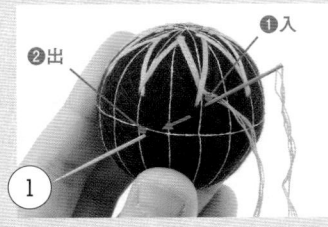

1 ❷出 ❶入
糸の色替えをする際など、かがり終わりの位置に針を入れ、そこから少し離れた位置から針を出す。

2 ❷出 ❶入
糸を引き出したら、出した位置に再度針を入れ、①で針を入れた方向に針を出す。3〜4回針をまりにくぐらせ、なかのわたに糸をからませる。

3
糸を引っ張りながら、まりのぎりぎりの位置で糸を切る。かがり糸が途中で足りなくなった場合も同様の処理をして、新たな糸でかがりはじめるとよい。

Technique 4 針づかいのコツ

1
次のかがり位置を針ですくったら、まりに沿わせながら糸を渡す。その際、糸がねじれたり、重なったりしていないか確認し整える。

2
渡した糸がずれないよう、かがり位置と糸を親指で押さえながら、針と糸をていねいに引く。

Technique 5 糸の重なりをそろえる

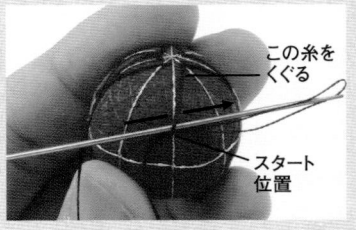

この糸をくぐる
スタート位置

1周かがってスタート位置に戻ったら、段を終える前に必ずはじめの糸の下を、針の穴側からくぐらせる。モチーフの糸の重なりを、すべて右が上になるようそろえる。

Technique 5 いちばんきほんの「千鳥かがり」

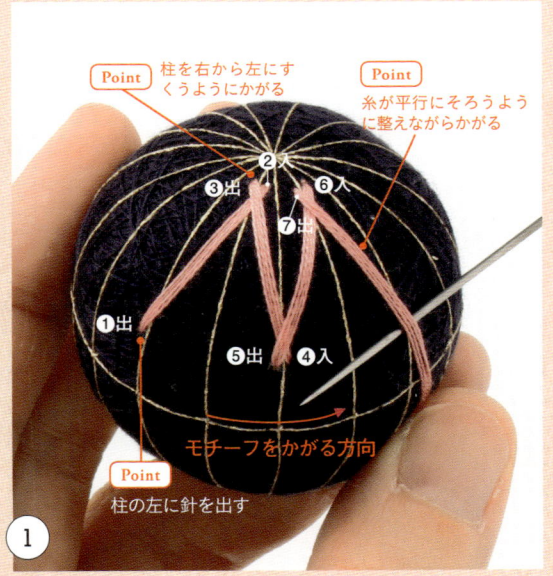

「二ツ菊」をはじめ、本書で紹介している花の図案は、すべて千鳥かがりの繰り返しでモチーフを描き出しています。

1
- Point 柱を右から左にすくうようにかがる
- Point 糸が平行にそろうように整えながらかがる
- ❶出 ❷入 ❸出 ❹入 ❺出 ❻入 ❼出
- モチーフをかがる方向
- Point 柱の左に針を出す

「モチーフは右方向にかがり進める」「柱を右から左にすくうようにかがる」。この2ルールを守れば美しいモチーフが自然とでき上がる。糸を渡す際は、糸を球の形に沿わせるイメージで!

2
2段め、3段めと段を重ねる際、モチーフは内側から外側へと広げる。糸の幅分外側をかがり、前の段に糸を沿わすようにするとよい。

- 1段め
- 2段め
- 3段め
- Point 各段で糸を変えて、3段分千鳥かがりでモチーフをかがったところ。
- NG 柱をすくう際、針をまっすぐ入れないとモチーフが乱れる!

1段め(ピンク糸)、2段め(紫糸)、3段め(緑糸)と、段を重ねるごとに○部分の幅が、末広がりになるようにかがる。

Technique 6 よくつかう「松葉かがり」

1
花の中心の極やモチーフの間を埋めるのに使う技法。右の図の順に対角線上に糸を渡す。何本の松葉にするか最初に決めて、間隔を均等にする。

2
最後の松葉をかがる前に、中心を土台まりといっしょにすくい1度糸をまとめる。再び針を進行方向に向け、刺し終える。

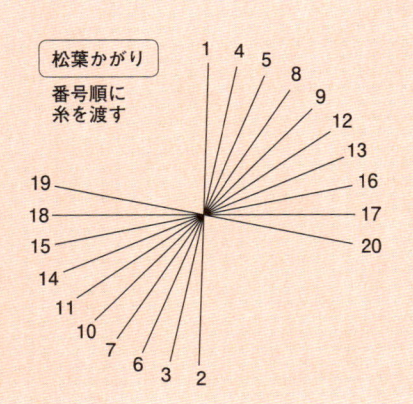

松葉かがり
番号順に糸を渡す

1, 4, 5, 8, 9, 12, 13, 16, 17, 20, 19, 18, 15, 14, 11, 10, 7, 6, 3, 2

Page 9

二ツ菊
Futatsugiku

材料 & 配色表

花	● A 都羽根絹手ぬい糸 [100]		
	● B 都羽根絹手ぬい糸 [78]		
	● C 都羽根絹手ぬい糸 [3]		
	○ D 都羽根絹手ぬい糸 [102]		
	○ E 都羽根絹手ぬい糸 [白]		
	● F フジックスメタリックミシン糸 [901]		
帯	● G DMC ディアマント [D3852]	赤道の上下に各3段
	● H 都羽根絹手ぬい糸 [156]	千鳥かがり2周
松葉	● I フジックスメタリックミシン糸 [901]	片側4本

花びらを2つ重ねる二ツ菊。花びらの形を均等にするのが、美しく仕上がるポイント。花びらを重ねるかがり方は、あらゆるモチーフのきほんなので、しっかりマスターしましょう。

土台まり

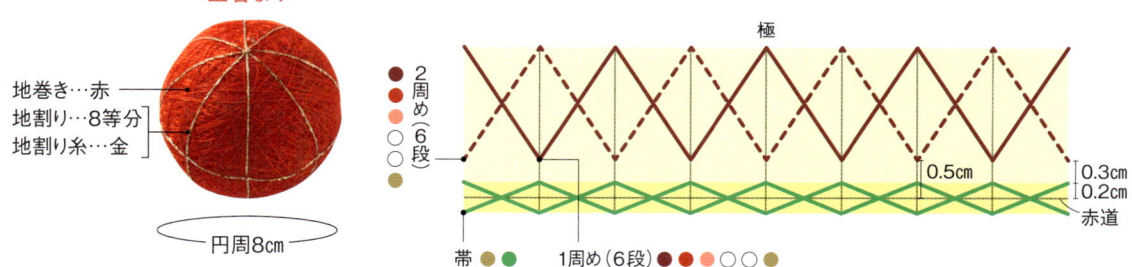

地巻き…赤
地割り…8等分
地割り糸…金

円周8cm

帯 ●●
1周め(6段) ●●●○○
2周め (6段)

0.5cm
0.3cm
0.2cm
赤道
極

1周めの印をつける

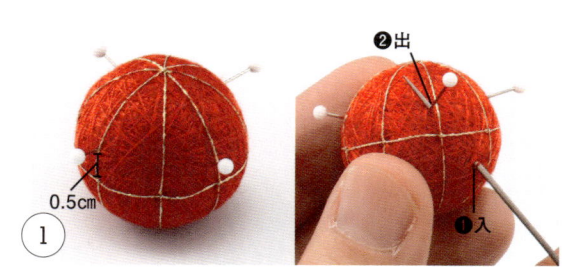

① 柱1本おきに、赤道から0.5cmの位置にまち針を4本打つ。糸Aを2本どりで用意し、まち針の1つをスタート位置にして、柱の左から針を出す。

❶入 ❷出

1周めの1段めをかがる

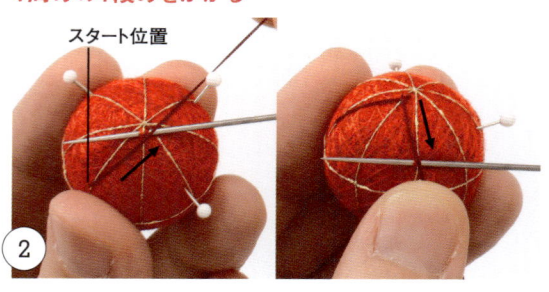

② スタート位置から右隣の柱を、極ぎりぎりの位置ですくったら、右隣にある柱をまち針の位置ですくう。

スタート位置

50

③

この糸をくぐる

スタート位置

手順②を繰り返し千鳥かがり(⇒p.49)で1周したら、糸の重なりをそろえるため、最後に必ず、かがりはじめの糸にくぐらせる。その際、針は穴側から通す。

2周めの1段めをかがる

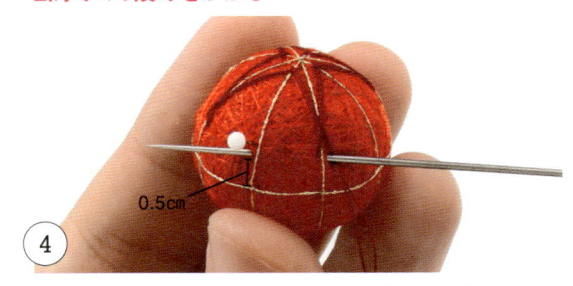

④

0.5cm

柱の右から針を入れ、1周めから1柱左にずらし、赤道から0.5cmの位置で針を出す。そこを2周めのスタート位置にする。

⑤

手順②、③の要領で1周めと同様に、2周めをかがる。

⑥

かがりはじめの糸にくぐらせ、2周めをかがり終えたら、モチーフの形を整え(⇒p.48)、適当な位置で返し針をし(⇒p.48)、糸を切る。

1周めの2段めをかがる

⑦

Point
極側の柱をすくう際は、段ごとに末広がりになるようにかがる(⇒p.49)。

糸Bを2本どりで用意し、糸Aのスタート位置の糸の幅分、下から糸を出して、手順②の要領で、1段めの花の形に沿わせながら糸を渡す。

⑧

手順③~⑥の要領で1周め、2周めの2段をかがる。かがり終わりで、はじめの糸にくぐらせる際は、同じ段の糸にのみくぐらせること。

How to make / Lesson1

3段めをかがる

⑨ 糸Cを2本どりで用意し、手順②〜⑥の要領で3段めをかがる。

4段めをかがる

⑩ 糸Dを2本どりで用意し、手順②〜⑥の要領で4段めをかがる。

⑪ 段を重ねるたびに、針の後ろを使って糸をとかすと、きれいに仕上がる(⇒p.48)。

5段めをかがる

⑫ 糸Eを2本どりで用意し、手順②〜⑥の要領で5段めをかがる。

6段めをかがる

⑬ 糸Fを2本どりで用意し、手順②〜⑥の要領で6段めをかがる。

松葉かがりをする

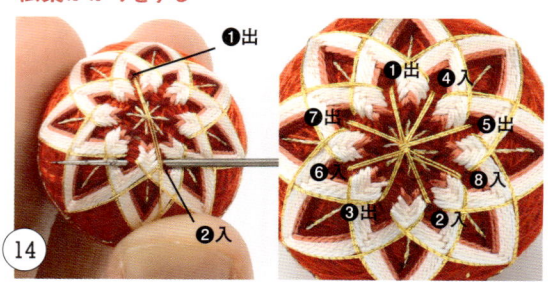

⑭ 糸Iを1本どりで用意し、極の柱と柱の間に、片側4本、計8本の松葉かがり(⇒p.49)をする。

帯を巻く

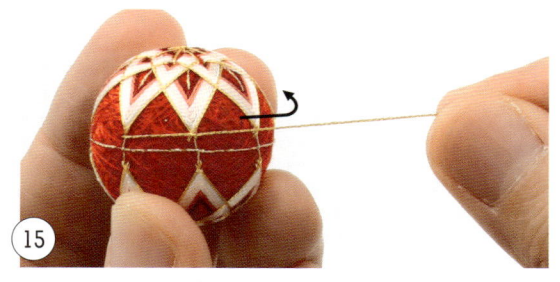

15 まりの反対側も手順①〜⑭の要領で、同様にモチーフをかがる。糸Gを1本どりで用意し、赤道の花びらのすぐ下から出して、赤道と並行にぐるりと1周巻く。

16 赤道の上下にそれぞれ3周、計6周巻いたら、返し針(⇒p.48)をして糸Gをかがり終える。

17 赤道の地割り糸をそっと引き出し、はさみで切って取り除く。その際、柱の地割り糸はそのまま残す。

18 糸Hを2本どりで用意し、柱の右から左にすくう千鳥かがり(⇒p.49)で、1柱ごとに柱を帯の上下の位置でかがりながら、1周じぐざぐとかがる。スタート位置に戻ったら、かがりはじめの糸にくぐらせる。

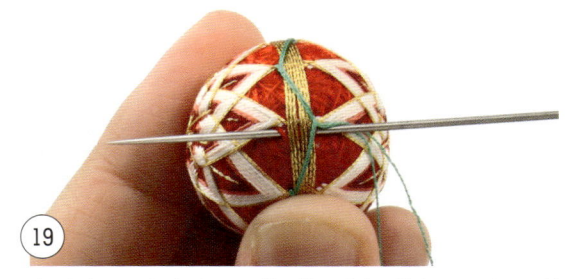

柱の右から左へすくう

かがりはじめの糸

19 まりを右に90°回転させて、帯に対し垂直に針を入れたら、反対側の花びらと帯の間から針を出す。再度まりを右に90°回転させて、2周めのスタート位置にする。

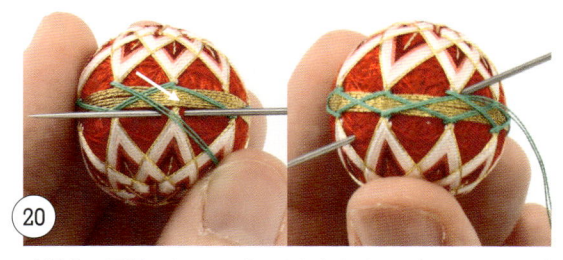

20 手順⑱の要領でクロスになるよう糸を1周かがったら、返し針(⇒p.48)をして糸Hをかがり終える。

How to make / Lesson1　53

Page 8 — ねじり菊 (Nejirikiku)

材料 & 配色表

花	A	DMC 25番刺繍糸 [720]	
	B	DMC 25番刺繍糸 [743]	
	C	DMC 25番刺繍糸 [BLANC]	
帯	D	オリヅル絹穴糸 [745]	赤道の上下に各3段と赤道に重ねて1段
	E	オリヅル絹穴糸 [17]	千鳥かがり2周

二ツ菊を応用したねじり菊。1周めの花に糸をくぐらせる際、先にかがった花びらが乱れないよう注意しましょう。

土台まり

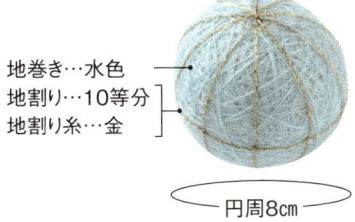

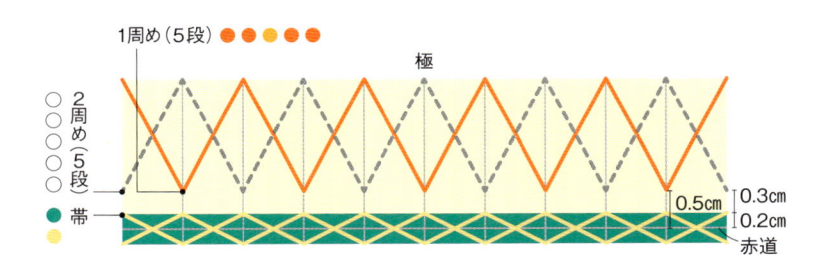

- 地巻き…水色
- 地割り…10等分
- 地割り糸…金
- 円周8cm

1周め(5段) ●●●○○
2周め(5段) ○○○○●
帯 ●
● (赤道)

0.5cm / 0.3cm / 0.2cm

1周めをかがる

スタート位置
0.5cm

① 柱1本おきに、赤道から0.5cmの位置にまち針を5本打つ。糸Aを用意し、まち針の1つをスタート位置にして、柱の左から針を出したら、右隣の柱を、極の位置ですくう。これを繰り返し、糸Aで2段、糸Bで1段、糸Aで2段、計5段かがる。

2周めをかがる

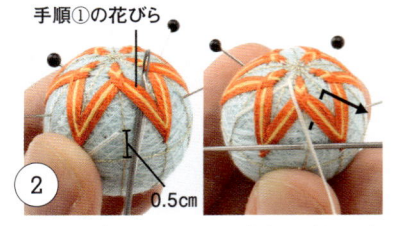

手順①の花びら
0.5cm

② 糸Cを用意し、1周めから1柱左にずらし、赤道から0.5cmの位置で針を出す。柱1本おきに赤道から0.5cmの位置に、まち針を4本打つ。糸Cを手順①の花びらの下を、針の穴側からくぐらせ、極ぎりぎりの位置で柱をすくう。極からまち針へそのまま糸を渡し、隣の柱をすくう。

帯を巻く

③ 手順②を糸Cで5段繰り返す。まりの反対側も同様にモチーフをかがったら、糸DとEで赤道上に帯をかがる(⇒p.53手順⑮〜⑳)。

Page 8

観世八重菊
Kanzeyaegiku

材料 & 配色表

花		
●	A 都羽根絹手ぬい糸 [156]	
●	B 都羽根絹手ぬい糸 [159]	
●	C 都羽根絹手ぬい糸 [9]	
●	D 都羽根絹手ぬい糸 [27]	
●	E DMCライトエフェクト糸 [E310]	

松葉		
	F フジックスメタリックミシン糸 [901]	片側8本

赤道上で北極側と南極側の花のじぐざぐ部分がかみ合うように、バランスを調整して段を重ねること。

土台まり

地巻き…黒
地割り…16等分
地割り糸…金

円周8cm

北極の1周め（5段）
赤道
0.3cm
0.3cm
南極の1周め（5段）
北極
南極

印をつけ、1段めをかがる

1
0.3cm
スタート位置

柱1本おきに、赤道から0.3cm下の位置にまち針を8本打つ。糸Aを用意し、まち針の1つをスタート位置にして、柱の左から針を出したら、右隣の柱を、極の位置ですくう。

2段めをかがる

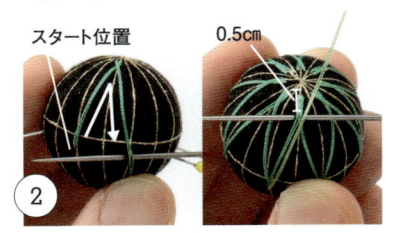

2
スタート位置
0.5cm

右隣の柱をまち針の位置ですくい、1周かがる。糸Bを用意し、糸Aのスタート位置のすぐ下から糸を出して、右隣の柱を極から0.5cmの位置ですくう。この要領で2段めをかがる。

3～5段めをかがり、松葉かがりをする

3

糸Cで3段め、糸Dで4段め、糸Eで5段めをかがる。北極側も1柱ずつずらした位置で、同様にモチーフをかがり、糸Fで上下の極に松葉かがり（⇒p.49）を柱をはさむようにして、片側8本する。松葉はスペースいっぱいに入れる。赤道の糸が目立つ場合は切る。

How to make / Lesson1

Page 10

桜 Sakura

材料 & 配色表

花	● A	都羽根絹手ぬい糸 [204]	
	● B	都羽根絹手ぬい糸 [162]	
	● C	都羽根絹手ぬい糸 [126]	
	● D	都羽根絹手ぬい糸 [153]	
帯	● E	オリヅル絹穴糸 [17]	赤道の上下に各2段と赤道に重ねて1段
	● F	都羽根絹手ぬい糸 [118]	千鳥かがり2周
松葉	● G	フジックスメタリックミシン糸 [901]	片側5本

異なる形の花びらを2つ重ねる桜。1周めと2周めを、交互に段を重ねるので、位置を間違えないようにしましょう。

土台まり

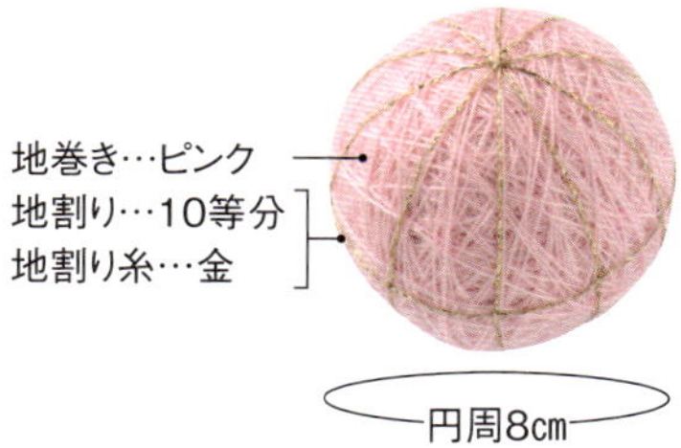

地巻き…ピンク
地割り…10等分
地割り糸…金

円周8cm

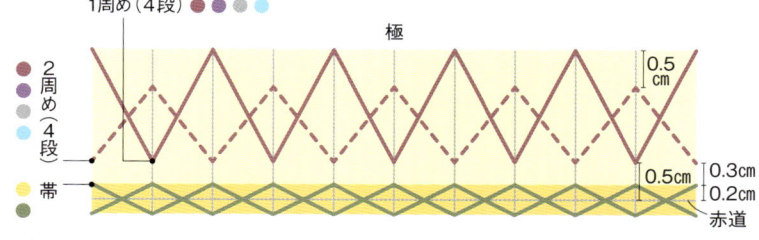

1周め（4段）
2周め（4段）
帯

極
0.5cm
0.5cm
0.3cm
0.2cm
赤道

1周めの印をつける

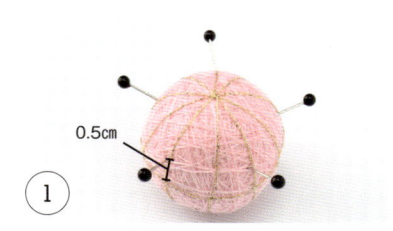

1 柱1本おきに、赤道から0.5cmの位置にまち針を5本打つ。

1周めの1段めをかがる

2 糸Aを用意し、まち針の1つをスタート位置にして、柱の左から針を出したら、右隣の柱を、極の位置ですくう。

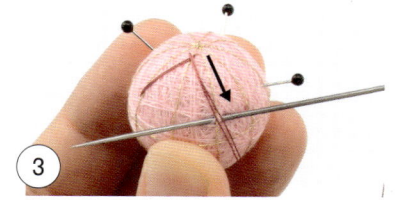

3 右隣の柱をまち針の位置ですくう。

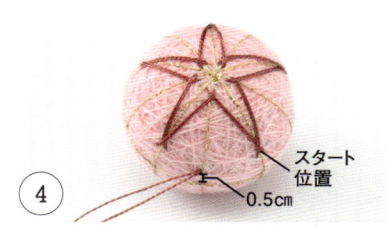

④

手順②、③を繰り返し1周したら、最後にかがりはじめの糸にくぐらせ柱の右から針を入れる(⇒p.51手順③)。1周めから1柱左にずらし、赤道から0.5cmの位置で糸を出す。

2周めの印をつける

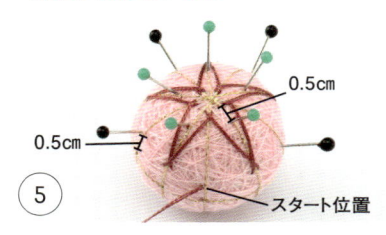

⑤

④の糸をスタート位置に、柱1本おきに赤道から0.5cmの位置にまち針(黒)を4本打つ。残りの柱に、極から0.5cmの位置にまち針(緑)を5本打つ。

2周めの1段めをかがる

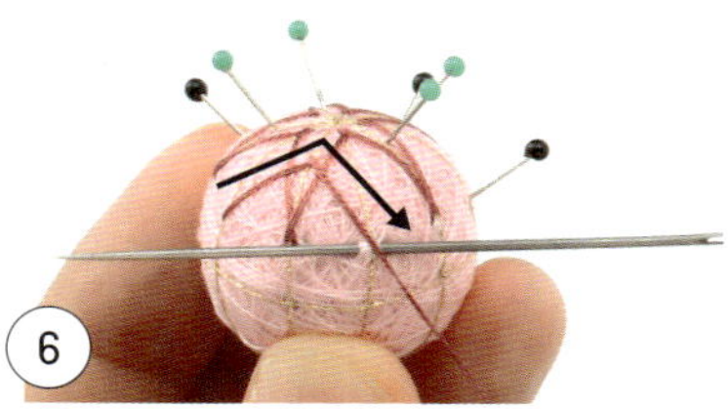

⑥

⑤のまち針(緑)の位置、まち針(黒)の位置と交互に柱をすくい、2周めをかがる。

⑦

2周めをかがったら、糸を切り1段めをかがり終える。

1周めの2段めをかがる

⑧

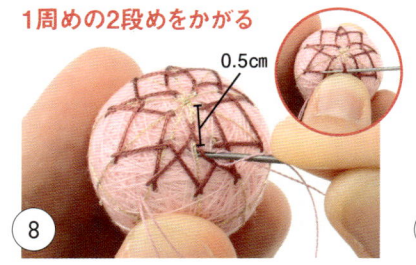

糸Bを用意し、糸Aのスタート位置の糸の幅分下から糸を出して、手順②の要領で、右隣の柱を極から0.5cmの位置ですくう。

Point 極側をすくう前に針の後ろで糸Aの左右の花びらを寄せ、指でおさえる。

⑨

右隣の柱を赤道側の糸Aのすぐ下の位置ですくう。

2周めの2段めをかがる

⑩

手順⑧、⑨を繰り返して1周したら、そのまま2周めをかがる。

帯を巻く

⑪

手順⑧〜⑩の要領で、糸Cで3段め、糸Dで4段めをかがる。まりの反対側も同様にモチーフをかがったら、糸EとFで赤道上に帯を巻く(⇒p.53手順⑮〜⑳)。

松葉かがりをする

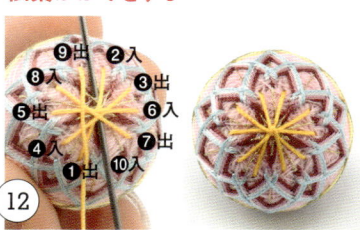

⑫

糸G(写真では見やすいよう、別の糸を使用)で、番号の順に上下の極に松葉かがり(⇒p.49)を片側5本する。

Page 11

花桃
Hanamomo

材料 & 配色表

花	A 都羽根絹手ぬい糸 [3]	
	B 都羽根絹手ぬい糸 [33]	
	C 都羽根絹手ぬい糸 [78]	
	D フジックスメタリック ミシン糸 [901]	
松葉	E 都羽根絹手ぬい糸 [213]	片側5本
	F 都羽根絹手ぬい糸 [173]	片側5本
	G 都羽根絹手ぬい糸 [25]	

同じ形の2つの花を重ねてつくるので、2つの花の大きさや形が同じになるようにしましょう。

土台まり

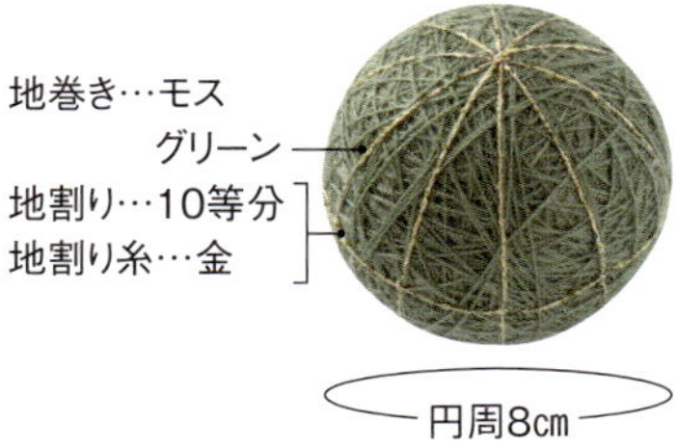

地巻き…モスグリーン
地割り…10等分
地割り糸…金

円周8cm

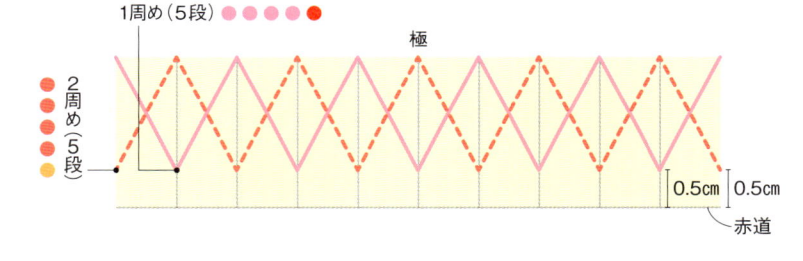

1周め（5段）●●●●●
2周め（5段）●●●●●

極
0.5cm 0.5cm
赤道

Page 11

桔梗
Kikyou

材料 & 配色表

花	A 都羽根絹手ぬい糸 [5]	
	B 都羽根絹手ぬい糸 [121]	
	C 都羽根絹手ぬい糸 [127]	
	D 都羽根絹手ぬい糸 [129]	
	E 都羽根絹手ぬい糸 [141]	
帯	F 都羽根絹手ぬい糸 [124]	片側5本
	G 都羽根絹手ぬい糸 [119]	片側5本
	H 都羽根絹手ぬい糸 [144]	

地巻き…黄土色
地割り…10等分
地割り糸…金

桃のモチーフを、色違いでかがったのが桔梗です。かがる糸の順番は、下記を参照にしてください。

1周め（5段）●●●●●
2周め（5段）●●●●●

1周めの印をつける

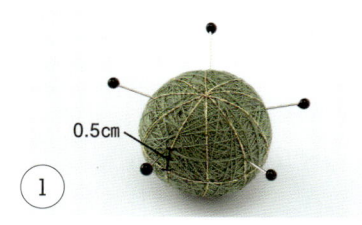

① 柱1本おきに、赤道から0.5cmの位置にまち針を5本打つ。

1周めの1段めをかがる

② 糸Aを用意し、まち針の1つをスタート位置にして、柱の左から針を出したら、右隣の柱を極の位置ですくう。右隣の柱をまち針の位置ですくう。

1周めの2段めをかがる

③ 手順②の要領で、1周したら最後にかがりはじめの糸にくぐらせ（⇒p.51手順③）、柱の右からななめ下向きに針を入れて左から出し、そこを2段めのスタート位置とする。

④ 手順②、③の要領で、糸Aで2〜4段め、糸Bで5段めをかがる。

Point 2周めをかがるスペースを確保するため、極側の糸をすくうときは、末広がりになりすぎないように注意！

2周めをかがる

⑤ 1周めから1柱左にずらし、柱1本おきに、赤道から0.5cmの位置にまち針を5本打つ。手順②〜④の要領で、糸Cで1〜4段め、糸Dで5段めをかがる。

松葉かがりをする

⑥ まりの反対側も同様にモチーフをかがったら、糸Eを用意し、モチーフの間を埋めるように、赤道をはさんでスペースの端から端になめに糸を渡す。

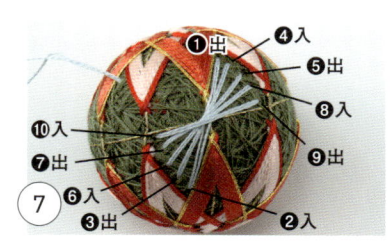

⑦ 写真の番号の順に松葉かがりを片側5本して、糸Eを切る。

⑧ 手順⑥〜⑦の要領で、残りのスペースを埋めるよう、糸Fで松葉かがりを片側5本する。手順⑥〜⑧を繰り返し、計5つの松葉をかがる。

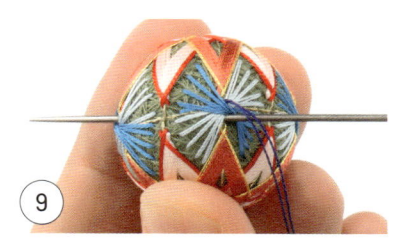

⑨ 糸Gで、松葉の中心の重なり部分をひと針縫って留める。桔梗の場合も手順⑥〜⑨の要領で、糸FとGで松葉かがりをした後、糸Hで中心を留める。

How to make／Lesson1

星かがりの薔薇
Hoshikagarinobara
Page 12

材料 & 配色表

花	● A	都羽根絹手ぬい糸 [33]	
	● B	フジックスメタリックミシン糸 [901]	
	● C	都羽根絹手ぬい糸 [201]	
	● D	都羽根絹手ぬい糸 [12]	
帯	● E	オリヅル絹穴糸 [165]	赤道の上下に各4段
	● F	都羽根絹手ぬい糸 [135]	千鳥かがり2周
	● G	都羽根絹手ぬい糸 [33]	千鳥かがり2周

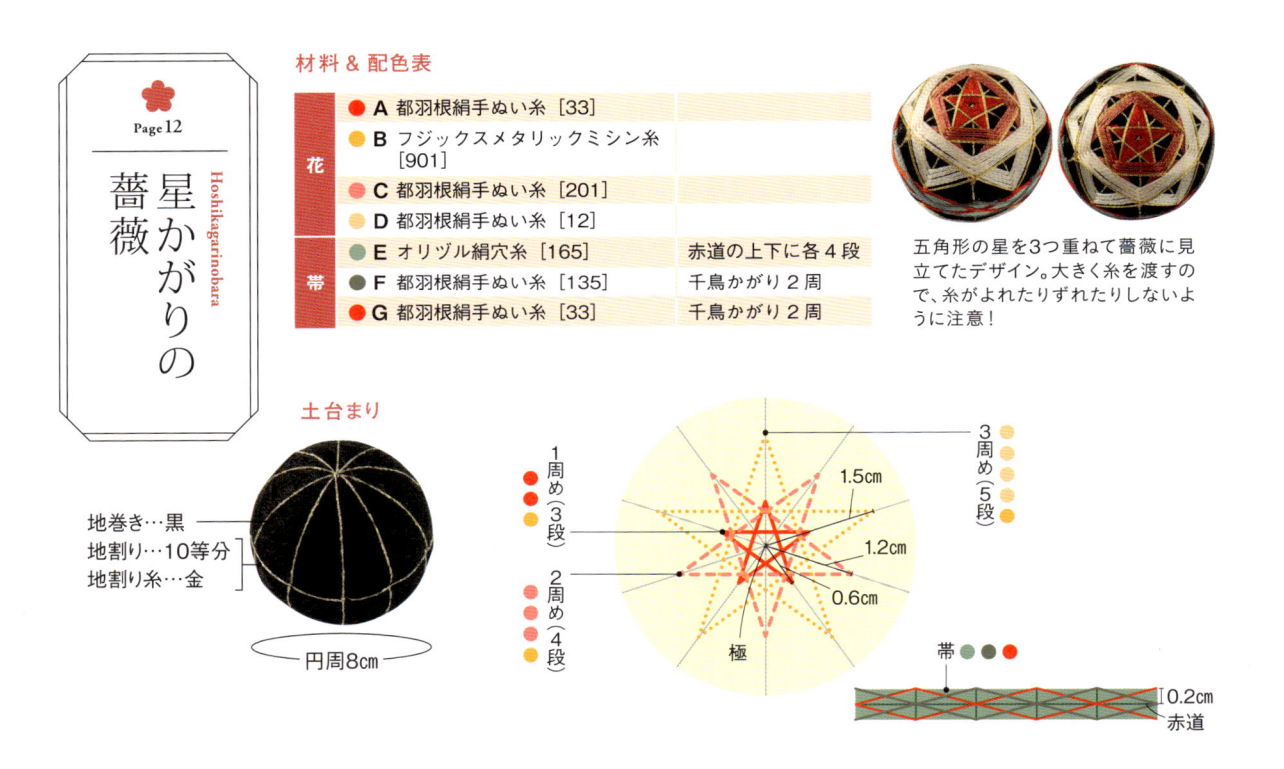

五角形の星を3つ重ねて薔薇に見立てたデザイン。大きく糸を渡すので、糸がよれたりずれたりしないように注意！

土台まり

地巻き…黒
地割り…10等分
地割り糸…金

円周8cm

1周め（3段）
2周め（4段）
3周め（5段）

1.5cm
1.2cm
0.6cm
極

帯
0.2cm
赤道

1周めの印をつける

1　柱1本おきに、極から0.6cmの位置にまち針を5本打つ。

1周めの1段めをかがる

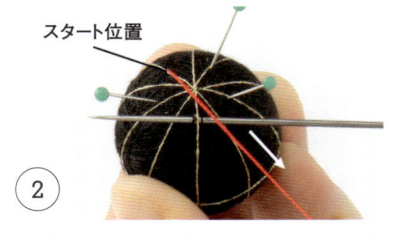

スタート位置

2　糸Aを用意し、まち針の1つをスタート位置にして、柱の左から針を出したら、対角線にあるまち針に向かって糸を渡し、まち針の位置ですくう。

3　まりを回転させて、五角形の対角線にある柱をまち針の位置ですくう。星の形を描くようなイメージ。

Point　星の形を描く際も、必ず柱を右から左にすくうようにかがる。

④ スタート位置

1針かがったら、その都度まりを回転させて、星の形を描くように糸を渡す。

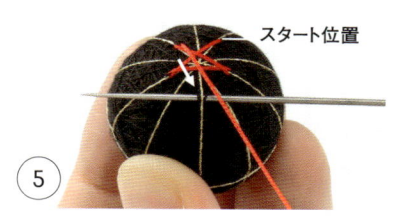

⑤ スタート位置

残りのまち針の位置をかがる。

⑥

スタート位置まで戻ったら、かがりはじめの糸にくぐらせる（⇒p.51手順③）。

1周めの2段め、3段めをかがる

⑦

柱の右からななめ下向きに針を入れて左から出し、そこを2段めのスタート位置とする。手順②〜⑥を繰り返し、糸**A**で2段め、糸**B**で3段めをかがる。

2周めの印をつける

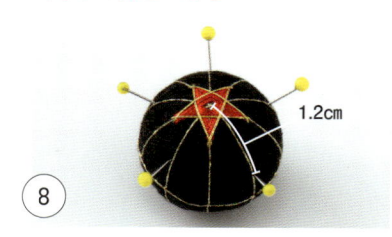

⑧ 1.2cm

1周めから1柱左にずらし、極から1.2cmの位置にまち針を5本打つ。

2周めをかがる

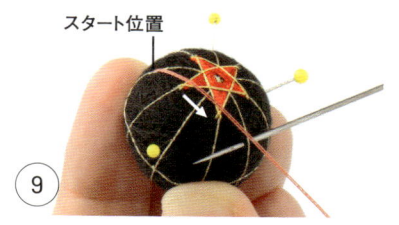

⑨ スタート位置

糸**C**を用意し、まち針の1つをスタート位置にして、手順②の要領で糸を渡す。

⑩

手順③〜⑦の要領で、星の形に糸**C**で1〜3段め、糸**B**で4段めをかがる。

3周めをかがる

⑪ 1.5cm

2周から1柱左にずらし、極から1.5cmの位置にまち針を5本打つ。手順②〜⑦の要領で、星の形に糸**D**で1〜4段め、糸**B**で5段めをかがる。

帯を巻く

⑫

まりの反対側も同様にモチーフをかがったら、糸**E**で帯を巻く。糸**F**で柱1本おきに千鳥かがりを2周する（⇒p.53手順⑮〜⑳）。さらに糸**F**から1柱左にずらして、糸**G**でも同様にかがる。

How to make／Lesson1　61

Page 13

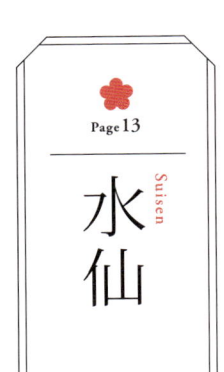

水仙 Suisen

材料 & 配色表

花	● A 都羽根絹手ぬい糸 [16]	
	● B 都羽根絹手ぬい糸 [赤]	
	○ C 都羽根絹手ぬい糸 [白]	
帯	● D 都羽根絹手ぬい糸 [95]	赤道の上下に各2段
	● E 都羽根絹手ぬい糸 [118]	糸Dの上下に1段

花びらの部分は伝統の「三ツ羽根亀甲」を二重にかがりました。糸を渡すところが交差するので、かがる位置に注意しましょう。

土台まり

地巻き…水色
地割り…6等分
地割り糸…金
円周8cm

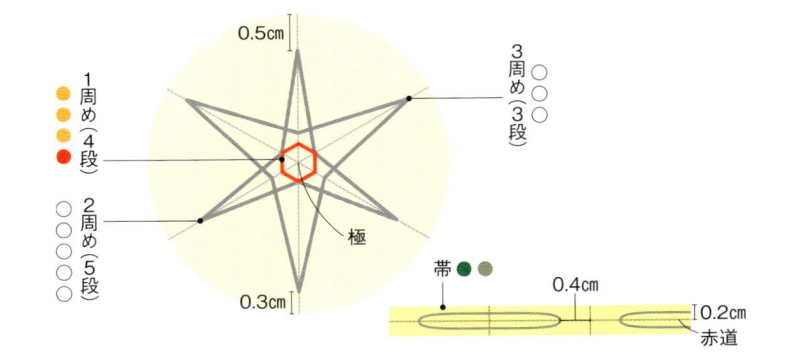

0.5cm
1周め
(4段)
2周め
(5段)
3周め
(3段)
極
0.3cm

帯 ●●
0.4cm
0.2cm
赤道

1周めをかがる

スタート位置

① 糸Aを用意し、柱の1つをスタート位置にして、極の位置で柱の左から針を出したら、右隣の柱を極の位置ですくう。これを繰り返し、6本それぞれの柱をかがり、六角形に糸を渡す。

② 1周したら、最後にかがりはじめの糸にくぐらせ(⇒p.51手順③)、柱の右からななめ下向きに針を入れて左から出し、そこを2段めのスタート位置とする。糸Aで2〜3段め、糸Bで4段めをかがる。

2周めの印をつける

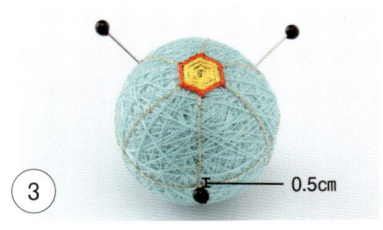

③ 柱1本おきに、赤道から0.5cmの位置でまち針を3本打つ。

0.5cm

2周めをかがる

④ 糸Cを用意し、まち針の1つをスタート位置にして、柱の左から針を出したら、1周めの六角形に沿って糸を渡し、右隣のまち針がある柱の極側をすくう。

Point 六角形の形がずれていないか注意して、常に形を整える。

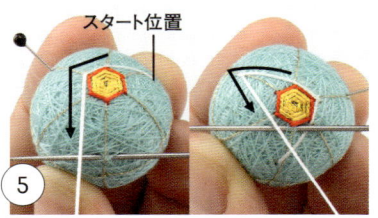

⑤ さらに右隣のまち針が手前にくるよう、まりを回転させ、まち針の位置ですくう。続いて、スタート位置の柱の極側をすくう。

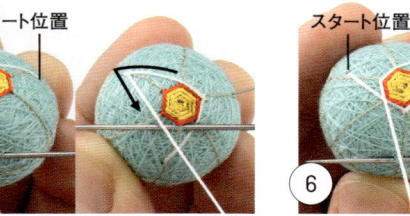

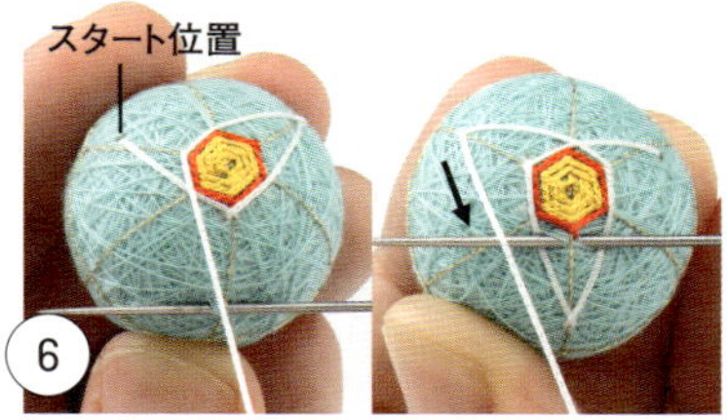

⑥ 残りのまち針の位置で柱をすくったら、2柱右隣にある柱の極側をすくう。

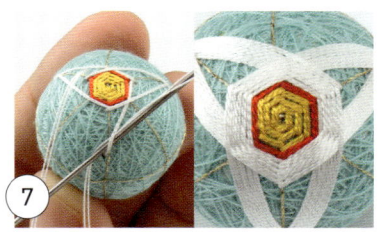

⑦ スタート位置まで戻ったら、最後にかがりはじめの糸にくぐらせ（⇒p.51手順③）、柱の右からななめ下向きに針を入れて左から出し、続けて2～5段めをかがる。

3周めの印をつけ、かがる

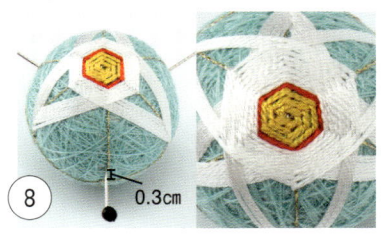

⑧ 柱1本おきに、赤道から0.3cmの位置にまち針を3本打つ。手順④～⑦の要領で、糸Cで1～3段めをかがる。まりの反対側も同様にモチーフをかがる。

帯の印をつける

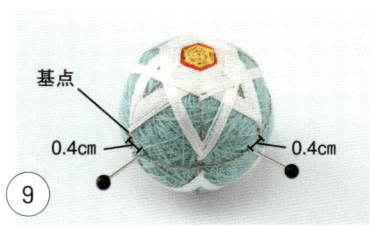

⑨ 赤道と柱の交差部分の1つを基点にして、そこから右に0.4cmの位置にまち針を打つ。2柱右隣の交差部分から、左に0.4cmの位置にまち針を打つ。

帯をかがる

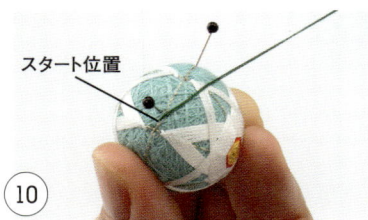

⑩ p.70「つむ十字」の要領で帯をかがる。糸Dを用意し、手順⑨のまち針の1つをスタート位置にして、もう1つのまち針に向かって糸を渡す。

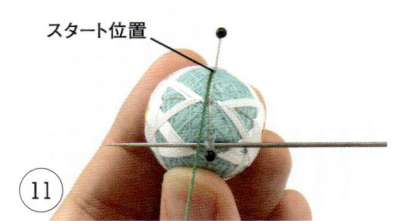

⑪ まりを90°回転させ、まち針のやや手前の位置で赤道をすくう。

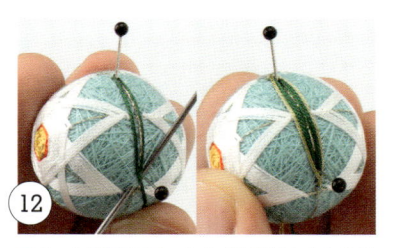

⑫ スタート位置に戻ったら、柱の右からななめ下向きに針を入れて左から出し、続けて2段めをかがったら、糸Eで3段めをかがる。同様に残り2か所、赤道上をかがる。

How to make／Lesson1

Page 14

ポンポン菊 Ponpongiku

材料 & 配色表

花	● A DMC 25番刺繍糸 [720]		
	○ B DMC 25番刺繍糸 [BLANC]		
帯	● C オリヅル絹穴糸 [165]	赤道の上下に各4段	
	● D DMC 25番刺繍糸 [743]	千鳥かがり2周	
松葉	● E フジックスメタリック ミシン糸 [901]	片側8本	

一見複雑なモチーフですが、地割りの等分が多いだけ。きほんの千鳥かがりの繰り返しなので、意外と気軽にチャレンジできます。

土台まり

地巻き…薄い群青色
地割り…16等分
地割り糸…金
円周8cm

2周め(3段) ●○○　1周め(3段) ●○○　極
4周め(3段) ●○○
帯
3周め(3段) ●○○
赤道
0.5cm　0.2cm　0.3cm

1周めの印をつける

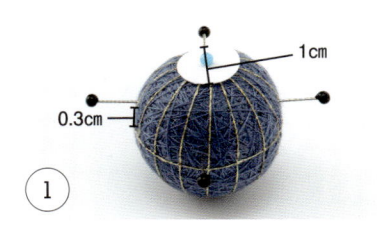

1 柱3本おきに、赤道から0.3cmの位置にまち針を4本打つ。直径1cmの円形の紙を用意し、紙の中央を極に合わせてまち針で止める。

1周めの1段めをかがる

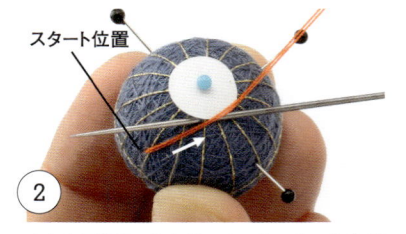

2 糸Aを用意し、まち針の1つをスタート位置にして、柱の左から針を出したら、2柱右隣の柱を、紙の縁の位置ですくう。

3 2柱右隣の柱をまち針の位置ですくう。

2周めの1段めをかがる

④ スタート位置　0.3cm

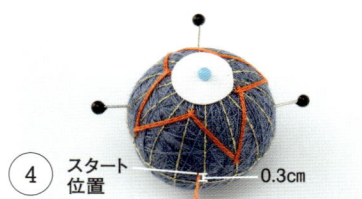

手順②、③を繰り返し1周したら、最後にかがりはじめの糸にくぐらせる(⇒p.51手順③)。1柱左にずらし、赤道から0.3cmの位置に糸を出す。手順①の要領でまち針を3本打つ。

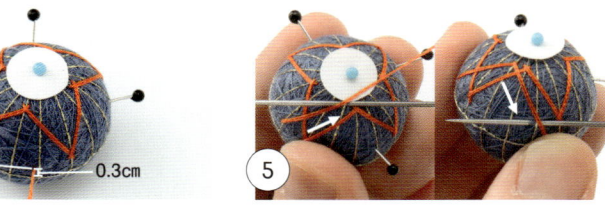

⑤ 1周めと同様に、2周めをかがる。

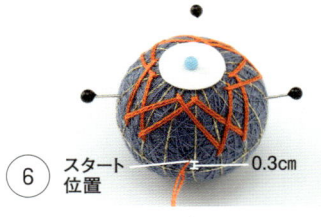

⑥ スタート位置　0.3cm

2周めから1柱左にずらし、赤道から0.3cmの位置に糸を出す。そこを3周めのスタート位置にして、柱3本おきに赤道から0.3cmの位置に、まち針を3本打つ。

Point 柱をずらしてまち針を打つ際、糸がずれないように注意する。

3周めの1段めをかがる

⑦ 1、2周めと同様に、3周めをかがる。

4周めの1段めをかがる

⑧ スタート位置　0.3cm

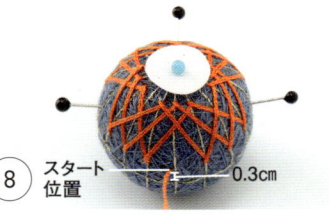

3周めから1柱左にずらし、赤道から0.3cmの位置で針を出す。そこをスタート位置に、柱3本おきに赤道から0.3cmの位置に、まち針を3本打つ。

⑨ 1〜3周めと同様に、4周めをかがる。

⑩ 4周めをかがったら、糸を切り1段めをかがり終える。

2段め、3段めをかがる

⑪ 糸Bを用意し、手順②〜⑩の要領で2、3段めをかがる。

帯を巻き、松葉かがりをする

⑫ まりの反対側も同様にモチーフをかがったら、糸CとDで赤道上に帯を巻き、糸Eで上下の極に松葉かがり(⇒p.49)を片側8本する。

Page 15

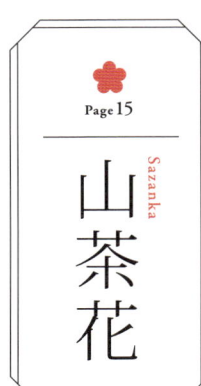

山茶花 Sazanka

材料 & 配色表

花	● A	都羽根絹手ぬい糸 [71]	
	● B	都羽根絹手ぬい糸 [163]	
	● C	都羽根絹手ぬい糸 [165]	
帯	● D	オリヅル絹穴糸 [29]	赤道の上下に各3段と赤道に重ねて1段
	● E	フジックスメタリックミシン糸 [901]	千鳥かがり2周
松葉	● F	フジックスメタリックミシン糸 [901]	片側15本

極の位置に大きな松葉が入る山茶花。松葉の形が複雑なので、形を整えながらかがりましょう。

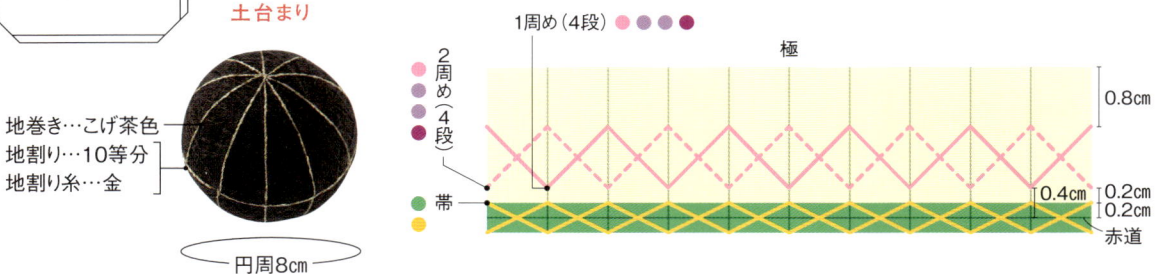

土台まり

- 地巻き…こげ茶色
- 地割り…10等分
- 地割り糸…金
- 円周8cm

1周め（4段）●●●●
2周め（4段）●●●●
極
0.8cm
帯
0.4cm
0.2cm
0.2cm
赤道

1周めの印をつける

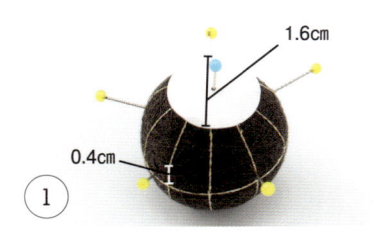

1 柱1本おきに、赤道から0.4cmの位置にまち針を5本打つ。直径1.6cmの円形の紙を用意し、紙の中央を極に合わせてまち針で留める。

1周めの1段めをかがる

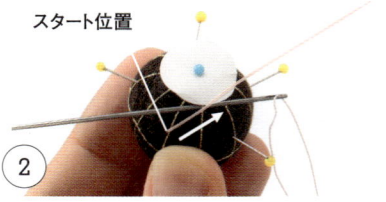

2 糸Aを用意し、まち針の1つをスタート位置にして、柱の左から針を出したら、右隣の柱を紙の縁の位置ですくう。

3 右隣の柱をまち針の位置ですくう。

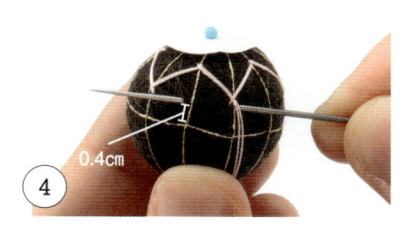

④ 手順②、③を繰り返し、1周したら最後に糸をくぐらせる(⇒p.51手順③)。1周めから1柱左にずらし、赤道から0.4cmの位置で針を出す。

2周めの1段めをかがる

⑤ 手順④の糸をスタート位置に、柱1本おきに赤道から0.4cmの位置にまち針を4本打つ。1周めと同様に、2周めをかがる。糸を切り1段めをかがり終える(⇒p.48)。

1周めの2段めをかがる

⑥ 糸Bを用意し、手順②〜⑤の要領で2段めをかがる。

3段め、4段めをかがる

⑦ 続けて、糸Bで3段め、糸Cで4段めをかがる。

松葉かがりをする

⑧ まりの反対側も同様にモチーフをかがったら、糸Fを用意し(写真では見やすいよう、別の糸を使用)、柱と柱の間、花びらぎりぎりのところをスタート位置にして、松葉かがりをする。

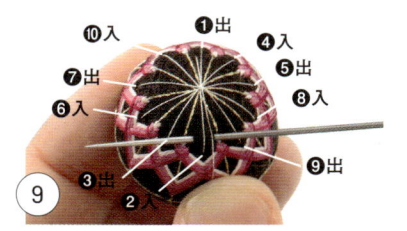

⑨ 番号の順に、極に松葉かがり(⇒p.49)を片側5本する。

⑩ 手順⑨の松葉の両わきに、さらに松葉かがりを片側10本する。手順⑨の松葉よりも、やや短めにかがる。

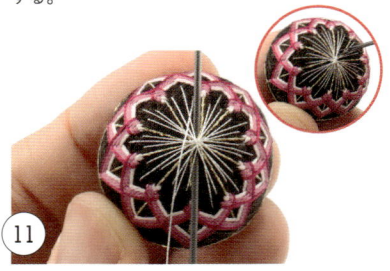

⑪ 松葉かがりの中心をひと針縫って留める。反対側も同様に松葉かがりをする。

Point 複雑な松葉は、かがるたびに針の後ろを使って整理するときれいに仕上がる。

帯を巻く

⑫ 糸DとEで赤道上に帯をかがる(⇒p.53手順⑮〜⑳)。

福寿草 Fukujusou

Page 16

材料 & 配色表

花	A	都羽根絹手ぬい糸 [17]	
	B	都羽根絹手ぬい糸 [16]	
	C	都羽根絹手ぬい糸 [159]	
	D	都羽根絹手ぬい糸 [119]	
	E	都羽根絹手ぬい糸 [80]	
	G	都羽根絹手ぬい糸 [68]	
帯	F	DMC ディアマント [D3852]	赤道の上下に各4段

糸を変えて花を6周かがる、福寿草。工程の多いモチーフですが、千鳥かがりの繰り返し。かがる位置が均等になるように、バランスを見ながら進めましょう。

土台まり

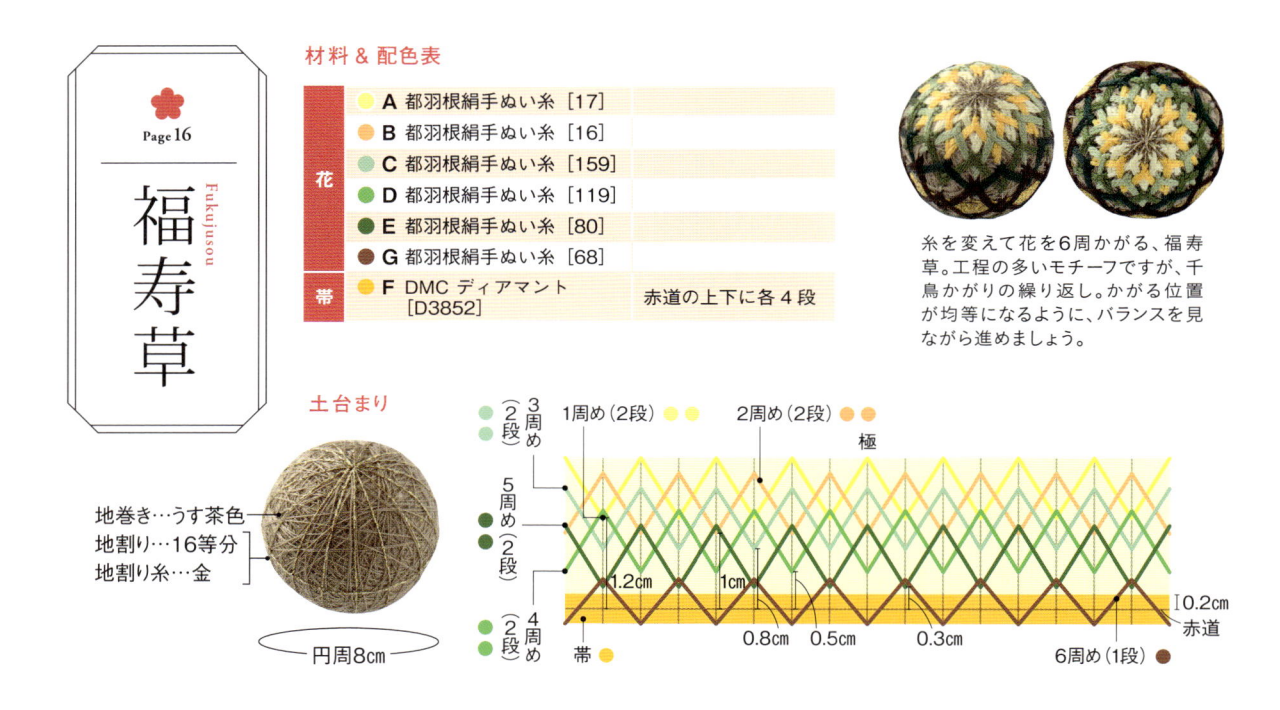

地巻き…うす茶色
地割り…16等分
地割り糸…金

円周8cm

3周め（2段）
1周め（2段）
2周め（2段）
5周め（2段）
極
1.2cm
1cm
4周め（2段）
帯
0.8cm　0.5cm　0.3cm
0.2cm
赤道
6周め（1段）

1周めの印をつける

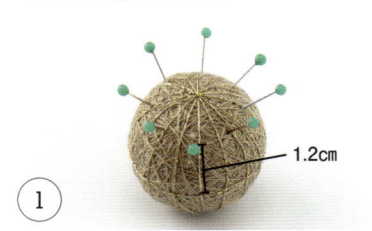

① 柱1本おきに、赤道から1.2cmの位置に、まち針を8本打つ。

1周めの1段めをかがる

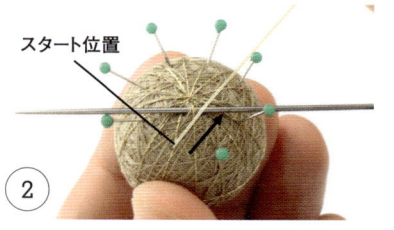

② 糸Aを用意し、まち針の1つをスタート位置にして、柱の左から針を出したら、右隣の柱を極の位置ですくう。

③ 右隣の柱をまち針の位置ですくう。

1周めの2段めをかがる

④ 手順②、③を繰り返し、1周したら最後にかがりはじめの糸にくぐらせ(⇒p.51手順③)。そのまま糸Aで2段めをかがり、糸を切って、1周めをかがり終える(⇒p.48)。

2周めをかがる

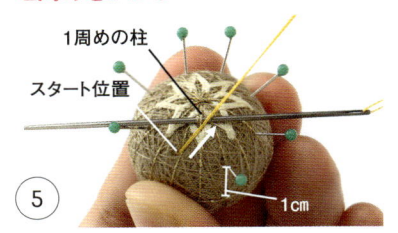

⑤ 1周めから1柱左にずらし、柱1本おきに赤道から1cmの位置にまち針を8本打つ。糸Bを用意し、まち針の1つをスタート位置にして、柱の左から糸を出す。極側は前の周の花びらの間にある柱をすくう。

⑥ 1周めと同様に、2周めを2段かがり、糸を切って2周めをかがり終える(⇒p.48)。

3周めをかがる

⑦ 2周めから1柱左にずらし、柱1本おきに赤道から0.8cmの位置にまち針を8本打つ。糸Cを用意し、2周めと同様に3周めをかがる。

4周めをかがる

⑧ 3周めから1柱左にずらし、柱1本おきに赤道から0.5cmの位置にまち針を8本打つ。糸Dを用意し、2、3周めと同様に4周めをかがる。

5周めをかがる

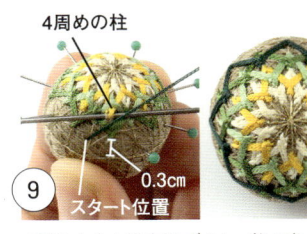

⑨ 4周めから1柱左にずらし、柱1本おきに赤道から0.3cmの位置で針を出す。糸Eを用意し、2～4周めと同様に5周めをかがる。

帯を巻く

⑩ まりの反対側も同様にモチーフをかがったら、糸Fで赤道上に帯を8段巻く。

1段・6周めをかがる

⑪ 糸Gを用意し、手順⑤と同じ柱の帯の真下をスタート位置にして、右隣の柱を5周めの花びらの間ですくう。これを繰り返し、1周したら、1段めをかがり終える。

⑫ まりを反転させ、手順⑪と同様に1周かがる。再度まりを反転させて、手順⑪の花の2段めをかがる。反対側も2段めをかがる。

How to make / Lesson1

Page 17

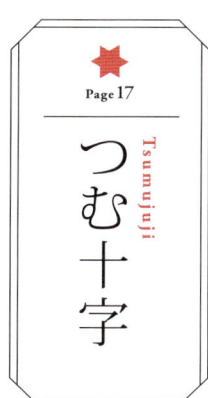

つむ十字
Tsumujuji

材料 & 配色表

花	A	都羽根絹手ぬい糸 [9]	
花	B	都羽根絹手ぬい糸 [201]	
花	C	フジックス メタリックミシン糸 [901]	
帯	D	オリヅル絹穴糸 [165]	赤道の上下に各1段と赤道に重ねて1段
帯	E	フジックス メタリックミシン糸 [901]	千鳥かがり2周
松葉	F	フジックス メタリックミシン糸 [901]	片側9本

つむ十字は、糸を渡す幅が広いのでくずれやすいもよう。糸を引く力加減や、針を入れる位置など、注意してかがりましょう。

土台まり

- 地巻き…黒
- 地割り…4等分
- 地割り糸…金
- 円周8cm

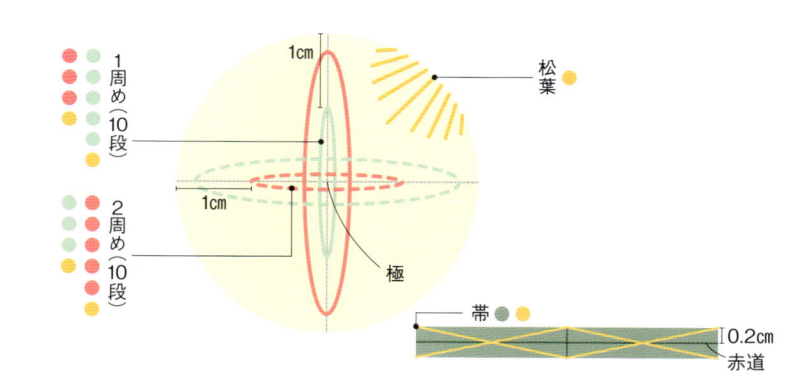

1周め(10段)
2周め(10段)
1cm
1cm
極
松葉
帯
0.2cm
赤道

1周めと2周めの印をつける

1　柱に、赤道から1cmの位置(赤道〜極の½)にまち針を4本打つ。その際、まち針は2色用意して、写真のように配置する。

赤道〜極の½

1周めの1段めをかがる

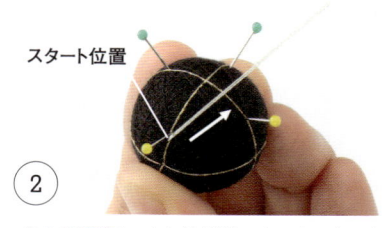

2　糸Aを用意し、まち針(黄)の1つをスタート位置にして、柱の左から針を出す。

スタート位置

Point 段を重ねる際、まち針ぎりぎりの位置から糸を出すと糸がもたつくため、糸の幅分下の位置から針を出すこと。

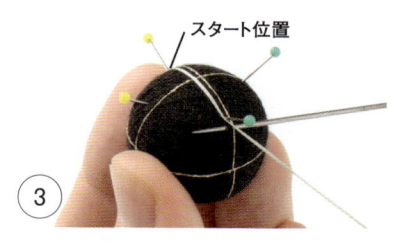

3　スタート位置から、対角線上のまち針(緑)に向かって糸を渡す。段を重ねる際に糸の間隔が詰まりすぎないよう、まち針(緑)から糸の幅分(0.2cm)下の位置ですくう。

スタート位置

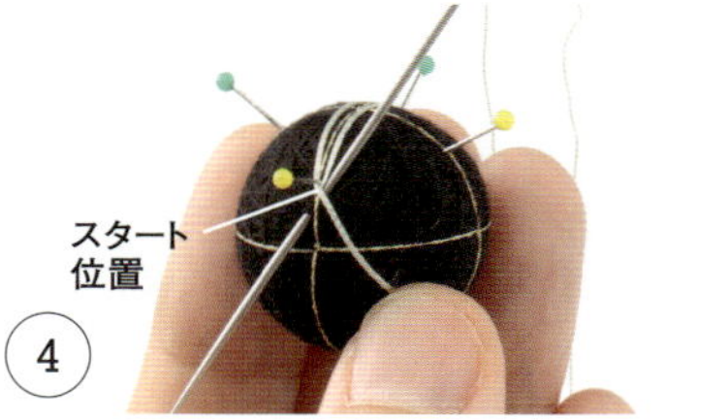

2周めの1段めをかがる

④ まち針（緑）からスタート位置に戻り、柱の右からななめ下向きに針を入れて、左から出す。糸**A**はつけたままにしておく。

> **Point** 糸を渡すとき、糸を引っ張りすぎると直線になってしまうので、球体に糸を乗せるようなイメージで扱うこと。

⑤ 糸**B**を用意し、もう1つのまち針（黄）をスタート位置にして、手順③の要領で糸を渡す。

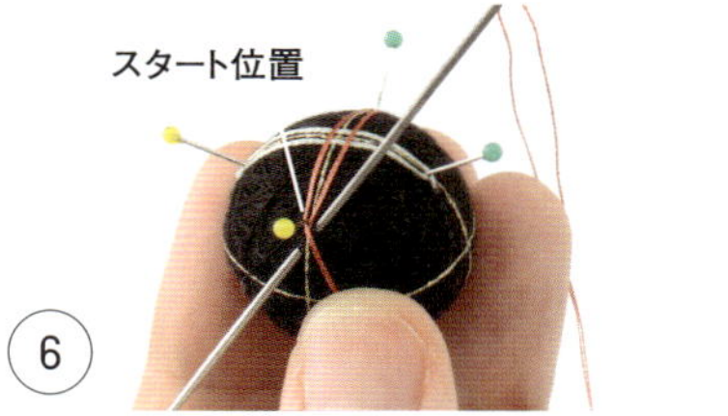

⑥ 手順③、④の要領で2周めをかがる。

1周めの6段めをかがる

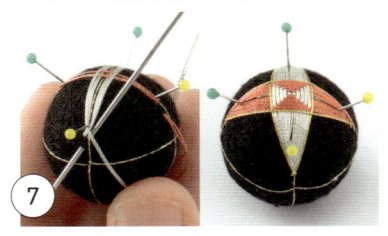

⑦ 1周めに戻り、手順②〜⑥を繰り返して、1周め、2周めの2〜5段を交互にかがる。糸**C**を用意し、同様に6段めをかがる。

NG 段ごとに糸の位置も下げる

糸**A**、**B**の段を重ねるとき、糸の幅分だけかがる位置を赤道寄りにしっかり下げること。糸がつまってモチーフが盛り上がってしまううえ、赤道までモチーフが届かなくなる。

1周めの7段めをかがる

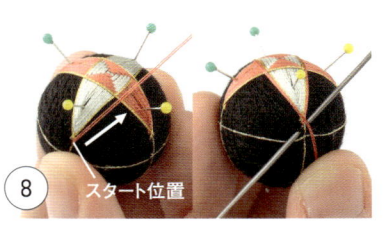

⑧ 糸**B**を用意し、1周めの糸**C**のまわりに7段めをかがる。糸**B**はつけたままにしておく。

2周めの7段めと、8〜10段めをかがる

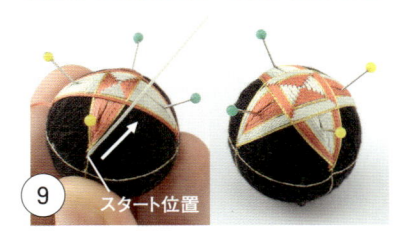

⑨ 糸**A**を用意し、2周めの糸**C**のまわりに7段めをかがる。糸**A**はつけたままにしておく。手順②〜⑦の要領で、1周め、2周めの8〜9段を交互にかがる。糸**C**を用意し、同様に10段めをかがる。

松葉かがりをする

⑩ まりの反対側も同様にモチーフかがったら、上下のモチーフの間のスペースを埋めるように、糸**F**で松葉かがり（⇒p.49）を片側10本する。同様に計4つの松葉をかがる。

帯を巻く

⑪ 松葉かがりの上から、糸**D**と**E**で赤道上に帯を巻く（⇒p.53手順⑮〜⑳）。

Page 17

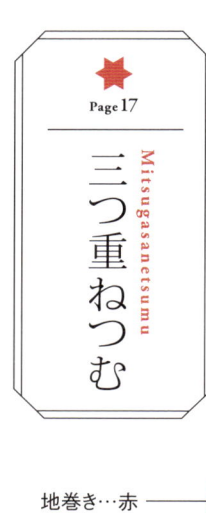

三つ重ねつむ
Mitsugasanetsumu

材料 & 配色表

花	○ A 都羽根絹手ぬい糸 [白]	
	● B 都羽根絹手ぬい糸 [黒]	
	● C 都羽根絹手ぬい糸 [156]	
帯	● D オリヅル絹穴糸 [745]	赤道の上下に各2段
	● E COUNTRY MAMA メタリックスレッド [801]	千鳥かがり2周

つむ十字（⇒p.70）を応用したモチーフ。極の位置でモチーフが交差するよう、つむ形を3つ交互にかがります。

土台まり

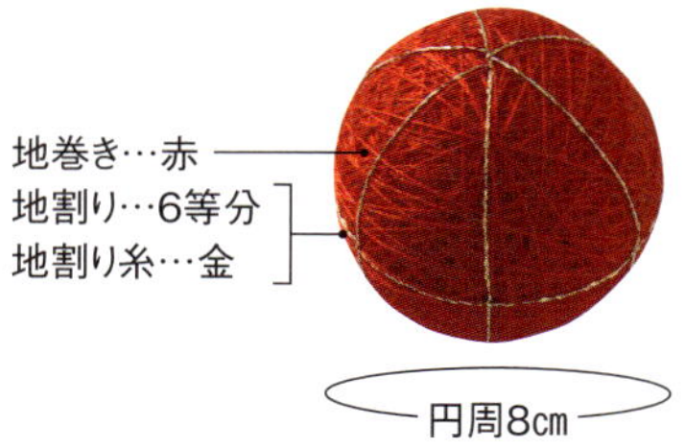

地巻き…赤
地割り…6等分
地割り糸…金
円周8cm

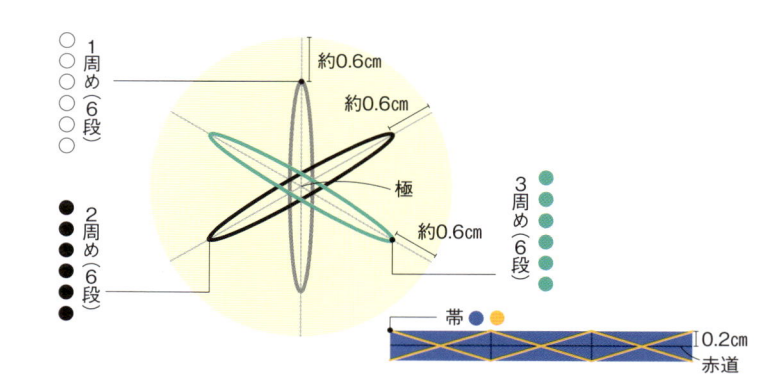

○ 1周め（6段）
● 2周め（6段）
● 3周め（6段）

約0.6cm
約0.6cm
極
約0.6cm

帯 ●●
0.2cm
赤道

1 1周め、2周め、3周めの印をつける

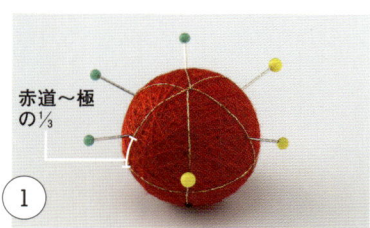

赤道〜極の1/3

柱に、赤道から0.6cmの位置（極〜赤道の1/3）にまち針を6本打つ。その際、まち針は2色用意して、写真のように配置する。

2 1〜3周めをそれぞれ6段かがる

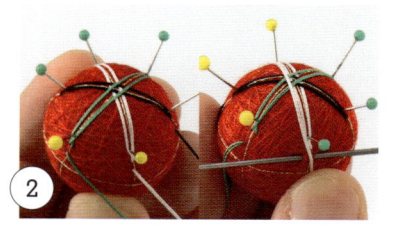

「つむ十字」（⇒p.70）手順①〜⑦の要領で、糸A→糸B→糸Cの順番に糸を渡し、1〜6段をかがる。

3 帯を巻く

まりの反対側も同様にモチーフかがったら、糸DとEで赤道上に帯を巻く（⇒p.53手順⑮〜⑳）。

Page 18

菱つなぎ
Hishitsunagi

材料 & 配色表

花			
●	A	都羽根絹手ぬい糸 [34]	
●	B	都羽根絹手ぬい糸 [17]	
●	C	都羽根絹手ぬい糸 [50]	

松葉			
●	D	フジックス メタリックミシン糸 [901]	片側12本

複数の菱形をひたすらかがっていくモチーフ。かがる際は、1針進むごとにまりを45°回転させながらかがるとスムーズです。

土台まり

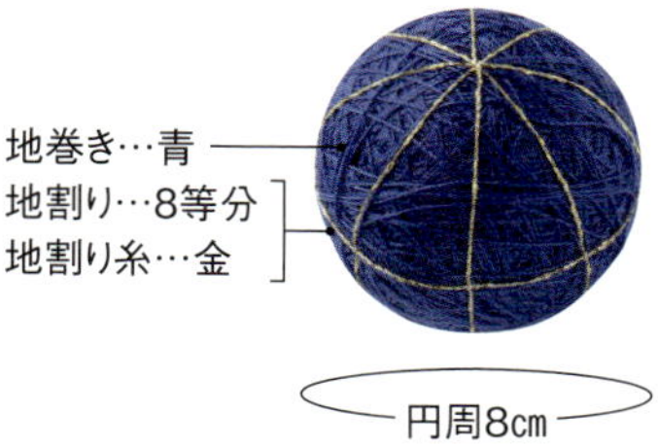

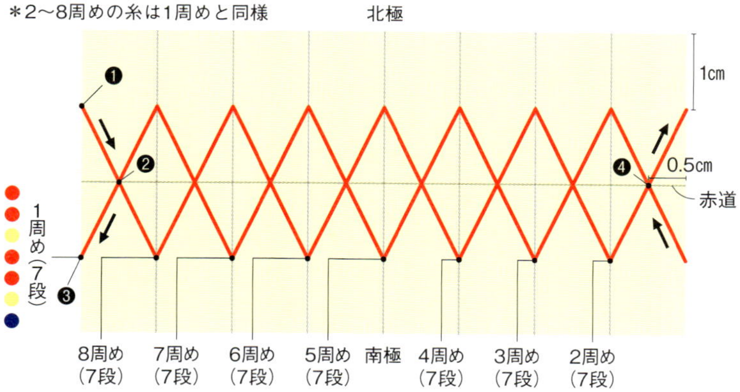

地巻き…青
地割り…8等分
地割糸…金

円周8cm

*2〜8周めの糸は1周めと同様

北極　1cm　0.5cm　赤道

1周め（7段）

8周め（7段）／7周め（7段）／6周め（7段）／5周め（7段）／南極／4周め（7段）／3周め（7段）／2周め（7段）

1周めの印をつける

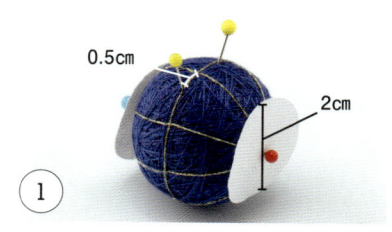

1 柱から0.5cmの位置に、赤道に沿ってまち針（黄）を2本打つ。直径2cmの円形の紙を2枚用意し、紙の中央を北極に合わせて、まち針で止める。南極も同様にする。

1周めの1段めをかがる

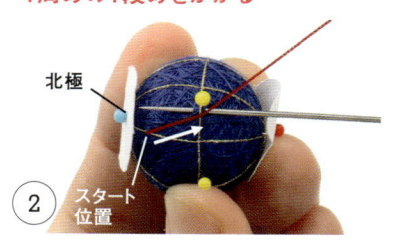

2 糸Aを用意し、まりを北極と南極が左右にくるように持つ。まち針（黄）の間にある柱の北極側にある紙の縁をスタート位置とし、まち針の位置で赤道をすくう。

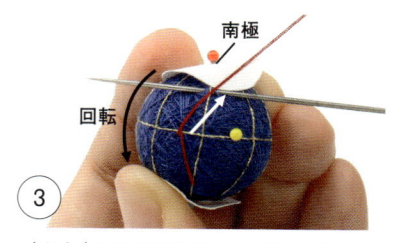

3 まりを左に90°回転させ、右隣にある柱を、南極側の紙の縁の位置ですくう。柱をすくう際は必ず、右から針を入れること。

How to make／Lesson1　73

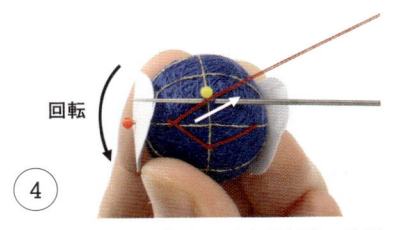

④ まりを左に90°回転させ、まち針(黄)の位置で赤道をすくう。

⑤ スタート位置に戻ったら、最後にかがりはじめの糸にくぐらせ(⇒p.51手順③)、柱の右から針を入れて左隣の柱の左に、紙の縁の位置で出す。そこを2周めのスタート位置とする。

2周めの1段めをかがる

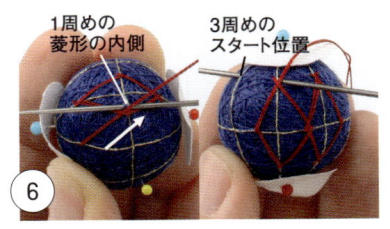

⑥ 手順②〜⑤を繰り返し2周めをかがる。2針めに赤道をかがる際は、1つ前の菱形の内側をすくう。3周めのスタート位置に針を出す。

3〜8周めの1段めをかがる

⑦ 手順②〜⑥を繰り返し、菱3〜8周めの1段めをかがる。8周めは菱の重なりかたをそろえるため、7周めと1周めの糸にくぐらせてからかがる。

⑧ スタート位置に戻ったら、最後にかがりはじめの糸にくぐらせる(⇒p.51手順③)。

⑨ 柱の右からななめ上向きに針を入れて、左から出し、そこを2段めのスタート位置とする。

1〜8周めの2段めをかがる

⑩ 手順②〜⑥の要領で、1〜8周めの2段をかがる。

⑪ 2段めも、手順⑦、⑧と同様に、8周めの菱形は糸を3か所くぐらせる。

Point 最後に糸をくぐる際は、2段めの糸のみをすくうこと。3段め以降も同様にする。

3〜7段めをかがる

⑫ 手順②〜⑥の要領で、糸Bで3段め、糸Aで4〜5段め、糸Bで6段め、糸Cで7段めをかがる。糸Dで両側の極に松葉かがり(⇒p.49)を片側12本する。

ねじり菱

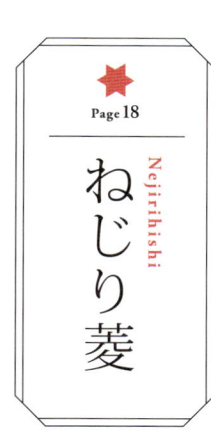

Page 18 / Nejirihishi

材料 & 配色表

花	A 都羽根絹手ぬい糸 [16]	
花	B 都羽根絹手ぬい糸 [白]	
花	C 都羽根絹手ぬい糸 [155]	
松葉	D フジックス メタリックミシン糸 [901]	片側15本

菱形を5つかがったあと、そこに糸をくぐらせながら菱形を重ねるモチーフです。最初の菱形と、くぐる菱形の大きさを均等にするときれいな仕上がりになります。

土台まり

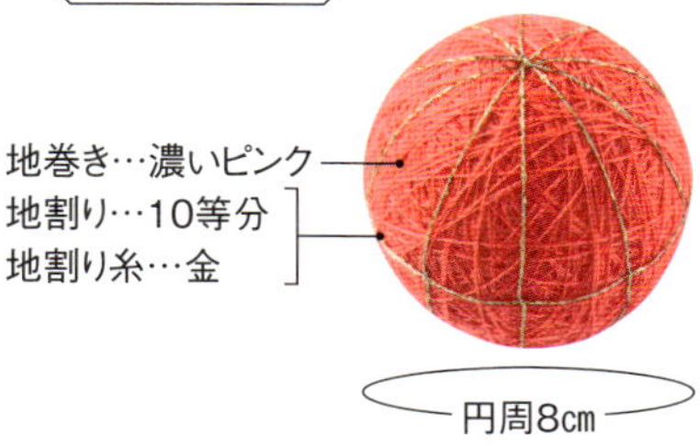

地巻き…濃いピンク
地割り…10等分
地割り糸…金

円周8cm

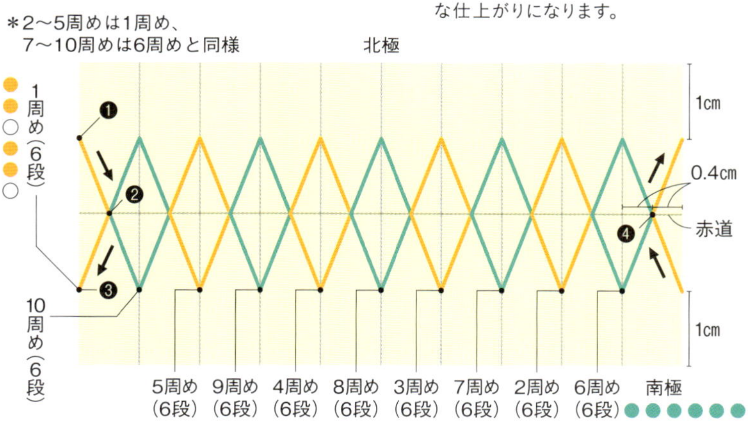

*2〜5周めは1周め、7〜10周めは6周めと同様

北極

1周め (6段)
10周め (6段)

1cm
0.4cm
赤道
1cm

5周め(6段) 9周め(6段) 4周め(6段) 8周め(6段) 3周め(6段) 7周め(6段) 2周め(6段) 6周め(6段) 南極

1〜5周めの1段めをかがる

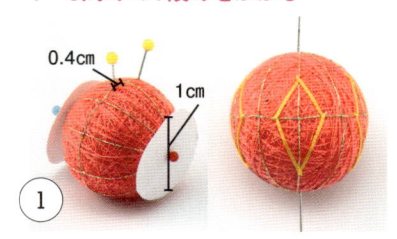

1 柱から0.4cmの位置に、赤道に沿ってまち針を2本打つ。直径1cmの円形の紙を2枚用意し、紙の中央を北極に合わせて、まち針で止める。南極も同様にする。「菱つなぎ」（⇒p.73）の手順②〜⑤の要領で、糸Aで、柱1本おきに1〜5周めの菱形を1段かがる。

6周めの1段めをかがる

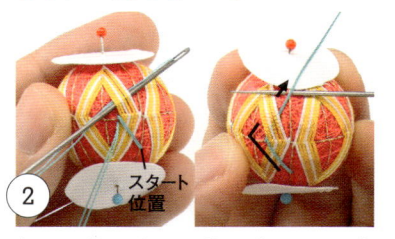

2 糸Aで2段め、糸Bで3段め、糸Aで4〜5段め、糸Bで6段めをかがる。糸Cを用意し、空いた柱の北極側の紙の縁をスタート位置にして、6周めの菱をかがる。右隣の柱へ糸を渡す際、隣の菱にくぐらせて、南極側をすくう。

7〜10周めと松葉をかがる

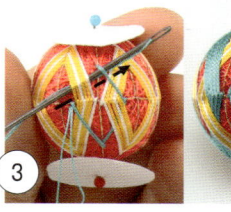

3 スタート位置に戻る際、手順②同様隣の菱と、かがりはじめの糸Cにくぐらせる。これを繰り返し、6〜10周めをそれぞれ6段かがる。糸Dで両側の極に松葉かがり（⇒p.49）を片側15本する。

How to make / Lesson1　75

Page 19

朱竹に鶴
Shuchikunitsuru

材料 & 配色表

鶴	○ A	都羽根絹手ぬい糸 [白]	鶴・本体
	● B	都羽根絹手ぬい糸 [黒]	鶴・羽と足
	● C	都羽根絹手ぬい糸 [赤]	鶴・頭、竹
竹	● D	都羽根絹手ぬい糸 [赤]	つむかがり
	● E	都羽根絹手ぬい糸 [36]	竹の節

鶴の頭や足は、明確な位置はなく、おおよその位置をかがります。見本をよく見て羽、頭、足のバランスを取りながら、美しい鶴をかがりましょう。

土台まり

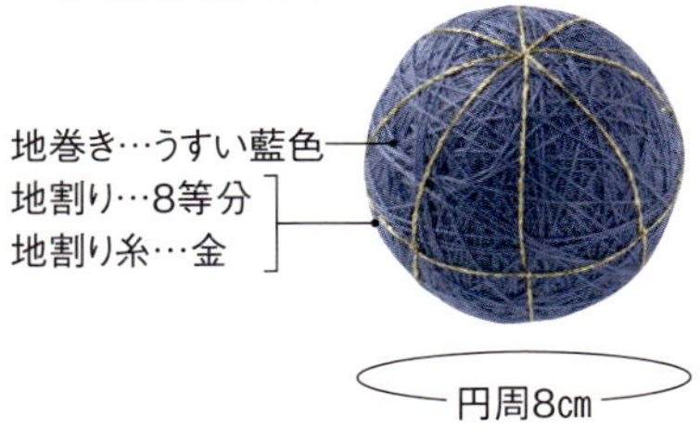

地巻き…うすい藍色
地割り…8等分
地割り糸…金

円周8cm

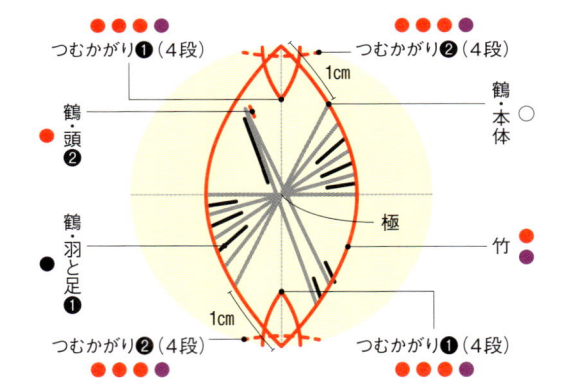

つむかがり❶（4段）　つむかがり❷（4段）
1cm
鶴・頭❷
鶴・本体
極
鶴・羽と足❶
竹
1cm
つむかがり❷（4段）　つむかがり❶（4段）

鶴の羽の印をつける

1
柱に、赤道から1cmの位置にまち針を1本打つ。2柱左隣にある柱の、赤道から1cmの位置にも1本打つ。

鶴の羽をかがる

2
スタート位置

糸Aを用意し、右上のまち針をスタート位置にして、左隣の柱と赤道の交差部分を通って、左下のまち針に向かって糸を渡す。その際、柱はすくわないこと。

3
鶴の頭

松葉かがり（⇒p.49）の要領で、鶴の羽を5本かがる。そのまま柱と柱の間の位置に針を出し、鶴の頭の位置を決める。

Point 羽をかがるときは、必ず柱と赤道の交差部分を通るようにして糸を渡す。

鶴の頭と足をかがる

④ 頭から羽へ糸を渡し、羽の中央で、柱と赤道とともにひと針すくって留める。

⑤ 頭から反対側へ糸を渡し、足の位置を決める。写真のように柱からごく近い位置に足❶の針を入れ、そのまま柱の曲線に沿って、足❶よりやや短く足❷の針を出す。

⑥ 足から羽の中央へ糸を渡し、再度柱と赤道とともにひと針すくって留める。

⑦ 羽の中央から頭へ、もう1回糸を渡す。

Point 手順③の糸よりやや短くすると、手順⑧で鶴の頭にモチーフを入れやすくなる。

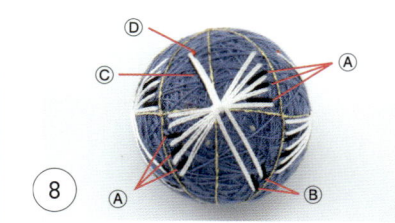

⑧ 手順②~⑦の要領で、鶴を計4つかがったら、細部をかがる。糸**B**で羽（Ⓐ）、足（Ⓑ）、頭（Ⓒ）をかがる。その際、頭のみ糸を1本どりに。糸**C**で頭の先端の右側（Ⓓ）をひと針かがる。

竹を巻く

⑨ 糸**D**を用意し、極から針を出し、鶴と鶴の間の柱に沿って、帯（⇒p.53）の要領で左右に1周ずつ糸を巻いたら、帯に対して垂直になるように極をすくう。

⑩ まりを左に90°回転させたら、手順⑨の糸を手前に引く。手順⑨の要領で糸を巻き、糸**C**をかがり終える。

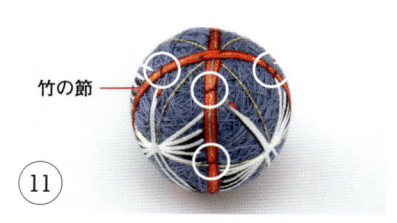

⑪ 糸**E**で、手順⑨、⑩の左右を縁どるように糸を巻く。さらに、垂直にひと針ずつ節を3、4か所にかがって竹にする。

つむかがりをする

⑫ 竹のない柱に、極から0.7cmの位置にまち針を4本打つ。糸**D**を用意し、「つむ十字」（⇒p.70）の要領で、3段ずつかがる。続いて糸**E**で、つむ十字を縁どる。鶴の下にある地割り糸を切る。

How to make／Lesson1　77

Page 20

薔薇 Bara

材料 & 配色表

花	● A 都羽根絹手ぬい糸 [23]
	○ B 都羽根絹手ぬい糸 [102]
	○ C 都羽根絹手ぬい糸 [121]
	○ D 都羽根絹手ぬい糸 [153]
	● E 都羽根絹手ぬい糸 [43]
	● F 都羽根絹手ぬい糸 [174]
	● G 都羽根絹手ぬい糸 [214]
	○ H 都羽根絹手ぬい糸 [73]
葉	● I 都羽根絹手ぬい糸 [211]

ます形を7回重ねてつくる薔薇。糸と糸の間にすき間ができないようにすると、きれいに仕上がります。8等分組み合わせの地割り糸は、ずれやすいので注意！

土台まり

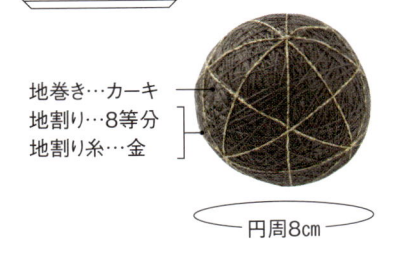

地巻き…カーキ
地割り…8等分
地割り糸…金

円周8cm

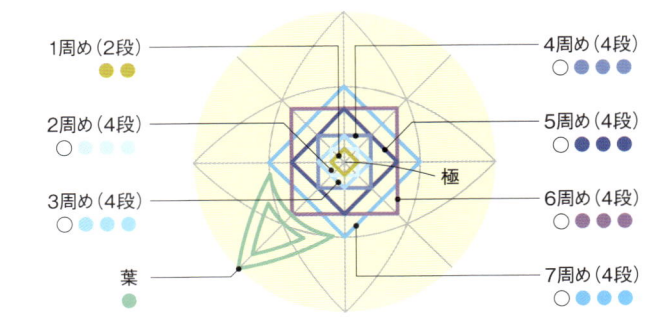

- 1周め（2段）● ●
- 2周め（4段）○ ○ ○ ○
- 3周め（4段）○ ○ ○ ○
- 4周め（4段）○ ● ● ●
- 5周め（4段）○ ● ● ●
- 6周め（4段）○ ● ● ●
- 7周め（4段）○ ○ ○ ○

極

葉 ●

つくり方

薔薇の中心を決める

① 中心点

写真のような四角形部分の中心を薔薇の中心点とする。

1周めの1段をかがる

② スタート位置　柱a

糸Aを用意し、中心点に集まる柱のうち、十字になっている柱aの1つをスタート位置にして、中心点の柱の左から糸を出す。

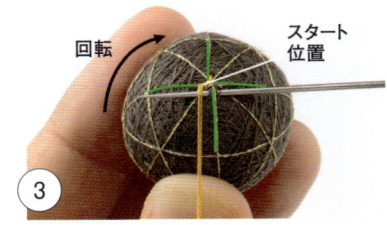

③ 回転　スタート位置

まりを回転させながら、十字の柱aを順に中心点の位置ですくう。

1周めの2段めをかがる

2周めの1段めをかがる

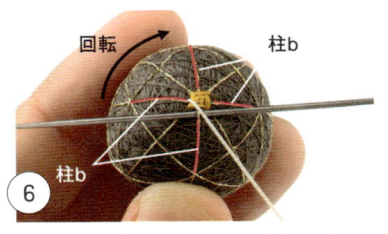

④ スタート位置に戻ったら、最後にかがりはじめの糸にくぐらせる(⇒p.51手順⑨)。

Point 糸の重なりをそろえるため、各段の最後は必ずかがりはじめの糸にくぐらせる。

⑤ 柱の右からななめ下向きに針を入れて左から出し、手順③～⑤の要領で2段めをかがる。

⑥ まりを45°回転させる。糸Bを用意し、柱bの1つをスタート位置にして、1周めの縁から糸を出す。

2周めの2～4段めをかがる

3～4周めをかがる

5～6周めをかがる

⑦ 1周めの角の上に糸を渡しながら、柱bを順に1周めの縁の位置ですくう。糸Cを用意し、糸Bに沿って3段分をかがる。

⑧ 手順⑥～⑦の要領で、柱aに3周め(糸Bで1段、糸Dで3段分)、柱bに4周め(糸Bで1段、糸Eで3段分)をかがる。

⑨ 手順⑥～⑦の要領で、柱aに5周め(糸Bで1段、糸Fで3段分)、柱bに6周め(糸Bで1段、糸Gで3段分)をかがる。

7周めをかがる

葉をかがる

⑩ 手順⑥～⑦の要領で、柱aに7周め(糸Bで1段、糸Hで3段分)をかがる。手順①～⑩を繰り返し、同様に薔薇を5個かがる。

⑪ 糸Iを用意し、三角形のスペースの、中心に集まる柱の1つをスタート位置にして、柱の左から糸を出したら、柱1つおきに、中心点の位置で柱を右からすくう。

⑫ スタート位置に戻ったら、0.2～0.3cm外側から糸を出し、2段めをかがる。さらに外側に3段めをかがって葉にする。同様に8か所、葉をかがる。

How to make / Lesson1

Page 21

Nejirimasu

ねじります

材料 & 配色表

ます	● A	都羽根絹手ぬい糸 [165]	
	● B	フジックスメタリックミシン糸 [901]	
	● C	都羽根絹手ぬい糸 [33]	
	● D	都羽根絹手ぬい糸 [144]	
	● E	都羽根絹手ぬい糸 [17]	
松葉	● F	都羽根絹手ぬい糸 [155]	片側4本（松葉❶）
	● G	都羽根絹手ぬい糸 [129]	片側6本（松葉❷）

ますの組み合わせの中と外に、2種類の松葉が入るねじります。松葉をきれいにおさめるため、ます形がよれたりしないように注意！

土台まり

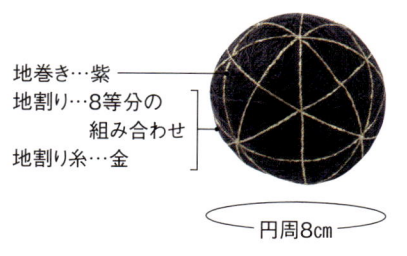

地巻き…紫
地割り…8等分の組み合わせ
地割り糸…金

円周8cm

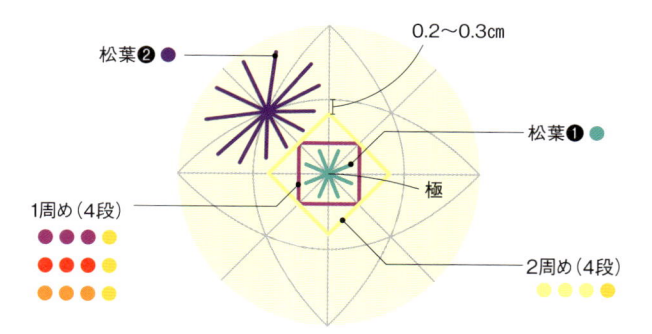

松葉❷ ●
0.2〜0.3cm
松葉❶ ●
極
1周め（4段）
2周め（4段）

1周めに印をつける

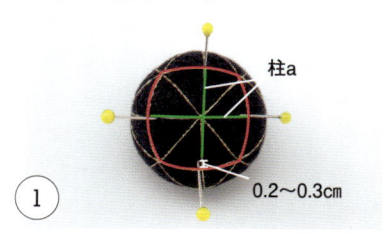

① 柱a
0.2〜0.3cm

写真のような四角形部分の辺を通る柱aに、四角形から0.2〜0.3cm内側の位置にまち針を4本打つ。

1周めの1段めをかがる

② スタート位置

糸Aを用意し、柱aの1つをスタート位置にして、柱の左から糸を出し、まりを回転させながら、十字の柱aを順にまち針の位置ですくう。

③ 回転 スタート位置

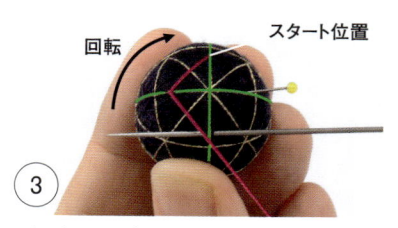

まりを90°回転させ、右隣の柱aをまち針の位置ですくう。

④

スタート位置に戻ったら最後にかがりはじめの糸にくぐらせる(⇒p.48)。

Point 糸の重なりをそろえるため、各段の最後は必ずかがりはじめの糸にくぐらせる。

1周めの2〜4段めをかがる

⑤

柱の右からななめ下向きに針を入れて左から出し、手順③〜④の要領で2、3段めをかがる。糸**B**で4段めをかがる。

1周めのます形を5つかがる

⑥

手順⑥のます形の反対側に、同様のます形をかがる。左右のます形は1〜3段を糸**C**に、上下のます形は1〜3段を糸**D**に替えて、残り5つのます形をかがる。

2周めをかがる

⑦

糸**E**を用意し、1周めのます形の、1辺の中央をスタート位置にして、柱の左側から糸を出す。

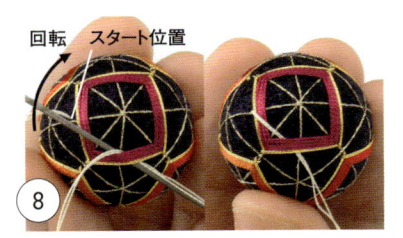

⑧ 回転 スタート位置

まりを90°回転させる。1周めのます形の角の上に糸を渡し、右側にくる辺にくぐらせる。

⑨ 回転

1周めのます形の外側ぎりぎりの位置で、辺の中央にある柱をかがる。この要領で、1周めのます形にくぐらせながら2周めをかがる。

⑩

スタート位置に戻ったら、最後にかがりはじめの糸にくぐらせる(⇒p.51手順③)。手順⑧から続けて2、3段めをかがり、糸**B**で4段めをかがる。

2周めのます形をかがる

⑪

手順⑧〜⑩の要領で、残り5つのます形をかがる。

松葉かがりをする

⑫

ねじります形の中に糸**F**で松葉❶を片側4本かがり(⇒p.49)、ほかのスペースも埋めるように、糸**G**で松葉❷を片側6本かがる。

How to make / Lesson1

Moga's kanzashi
モガのかんざし
Page 22

てまり

A
円周…8cm
地巻き糸…ピンク
地割り…10等分
地割り糸…金
モチーフ…二ツ菊(⇒p.50)

B・C
円周…8cm
地巻き糸…B:濃紺、C:薄藍色
地割り…8等分の組み合わせ
地割り糸…金
モチーフ…薔薇(⇒p.78)

A

花	● 都羽根絹ぬい糸	[43]	2周×各1段
花	● 都羽根絹ぬい糸	[117]	2周×各1段
花	● 都羽根絹ぬい糸	[102]	2周×各1段
花	○ 都羽根絹ぬい糸	[白]	2周×各2段
帯	● オリヅル絹穴糸	[136]	赤道の上下に各3段
帯	● 都羽根絹ぬい糸	[5]	千鳥かがり1周
帯	● 都羽根絹ぬい糸	[65]	千鳥かがり1周
松葉	● フジックスメタリックミシン糸 [901]		片側5本

B

花	● 都羽根絹ぬい糸	[17]	3段
花	● 都羽根絹ぬい糸	[102]	3段
花	● 都羽根絹ぬい糸	[3]	3段
花	● 都羽根絹ぬい糸	[71]	3段
花	● 都羽根絹ぬい糸	[161]	3段
花	● 都羽根絹ぬい糸	[162]	3段
花	● 都羽根絹ぬい糸	[164]	3段
花	● 都羽根絹ぬい糸	[68]	花各色の間に1段ずつ
葉	● 都羽根絹ぬい糸	[22]	3段

C

花	● 都羽根絹ぬい糸	[36]	3段
花	● 都羽根絹ぬい糸	[34]	3段
花	● 都羽根絹ぬい糸	[82]	3段
花	● 都羽根絹ぬい糸	[32]	3段
花	● 都羽根絹ぬい糸	[102]	3段
花	● 都羽根絹ぬい糸	[11]	3段
花	○ 都羽根絹ぬい糸	[白]	3段
花	● 都羽根絹ぬい糸	[115]	花各色の間に1段ずつ
葉	● オリヅル9号糸	[165]	3段

材料

A
- タッセル…1個
- Tピン(40mm)…1本
- 丸カン(3mm)…1個

B
- アクアクリスタル(ラウンド10mm)…1個
- 淡水パール(ライス8×6mm)…1個
- 貼りつけパール(半丸4mm)…適量
- 貼りつけパール(半丸2mm)…適量
- デザインピン(30mm)…1本
- 9ピン(40mm)…1本

C
- パール(バロック12×9mm)…1個
- インカローズ(ラウンド8mm)…1個
- 貼りつけスワロフスキーラインストーン#2058(クリスタル4mm)…適量
- 貼りつけスワロフスキーラインストーン#2058(クリスタル3mm)…適量
- デザインピン(30mm)…1本
- 9ピン(40mm)…1本

共通
てまり…1個
かんざしパーツ…1本
布・金属用接着剤

A
① てまりの中心に穴をあけ(⇒p.95)、かんざしパーツを通したら、布・金属用接着剤を穴につけて乾かす。

② タッセルの中心にTピンを通し、輪をつくったら(⇒p.95)、かんざしパーツの穴に丸カンでつなげる。

B (Cと共通)
① てまりの中心に穴をあけ(⇒p.95)、かんざしパーツを通したら、布・金属用接着剤を穴につけて乾かす。

② アクアクリスタル(Cはパール)にデザインピンを通し、淡水パール(Cはインカローズ)には9ピンを通す。

③ ②のピンそれぞれに輪をつくる(⇒p.95)。輪をペンチで少し開いて、パーツ同士をつなげる。

④ てまりの葉の部分にバランスよく貼りつけパール(Cの場合は貼りつけスワロフスキーラインストーン)を貼る。

A

- てまりφ8cm
- かんざしパーツ
- タッセル

B・C共通

- てまりφ8cm
- かんざしパーツ
- B：淡水パール / C：インカローズ
- B：貼りつけパール / C：貼りつけスワロフスキーラインストーン
- B：アクアクリスタル / C：パール

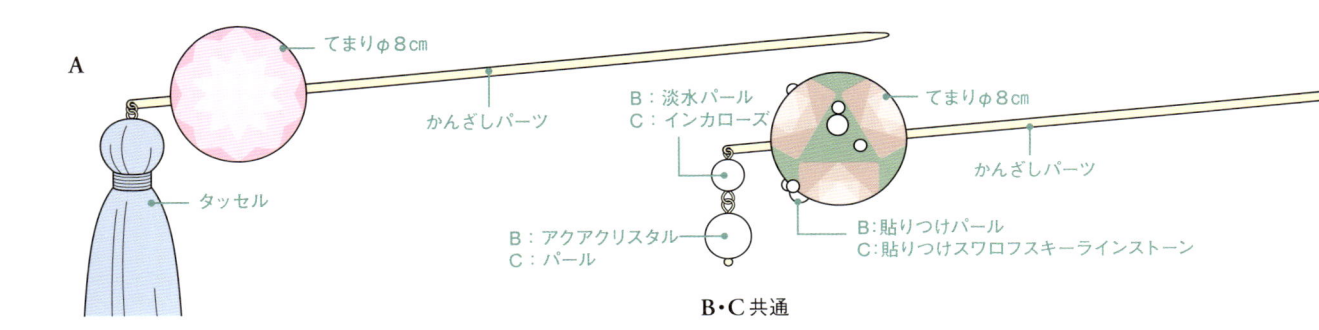

Obikazari of Arabian nights
千夜一夜の帯飾り
Page 24

材料

てまり…1個
すかしパーツ（楕円型18×47mm）…1個
マルチカラーサファイア（ラウンドカット4mm）…2個
マルチカラーアクアマリン（ボタンカット3×5mm）…1個
シトリン（スクエアカット6×6mm）…1個

Tピン（40mm）…1本
9ピン（40mm）…4本
丸カン（3mm）…1個

てまり

円周…8cm
地巻き糸…青
地割り…10等分
地割り糸…金
モチーフ…ねじり菱（⇒p.75）

菱	● 都羽根絹手ぬい糸 [49]	8段
	● 都羽根絹手ぬい糸 [25]	8段
	● 都羽根絹手ぬい糸 [175]	8段
	● 都羽根絹手ぬい糸 [173]	8段
	● 都羽根絹手ぬい糸 [172]	8段
	● 都羽根絹手ぬい糸 [153]	8段
	● 都羽根絹手ぬい糸 [84]	8段
	○ 都羽根絹手ぬい糸 [白]	8段
	● 都羽根絹手ぬい糸 [17]	8段
	● 都羽根絹手ぬい糸 [27]	8段
松葉	○ フジックスメタリックミシン糸 [901]	片側15本を両極に

① てまりの中心に穴をあけ（⇒p.95）、Tピンを通す。Tピンに輪をつくる（⇒p.95）。

② マルチカラーサファイア2個、マルチカラーアクアマリン、シトリンにそれぞれ9ピンを通して、輪をつくる（⇒p.95）。輪をペンチで少し開いて、図のようにパーツ同士をつなぐ。その際、すかしパーツは丸カンでつなぐ。

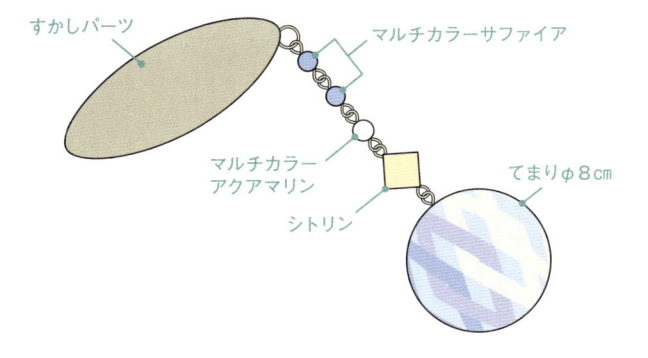

- すかしパーツ
- マルチカラーサファイア
- マルチカラーアクアマリン
- シトリン
- てまりφ8cm

How to make / Lesson2

Aladdin's strap
アラジンのスマホピアス
Page 25

材料

A
- てまり…1個
- 淡水パール(ライス8×7mm)…1個
- チェコビーズ(ボタンカット3×6mm)…1個
- イヤホンジャック…1個
- カニカン…1個
- ビーズキャップ(10mm)…1個
- デザインピン(30mm)…1本
- 9ピン(40mm)…1本
- 丸カン(3mm)…1個

B
- てまり…2個
- ターコイズ(ラウンド8mm)…1個
- アンバー(ラウンド5mm)…1個
- イヤホンジャック…1個
- カニカン…1個
- 貼りつけスワロフスキーラインストーン #2058(クリスタル2mm)…適量
- 貼りつけスワロフスキーラインストーン #2058(カリビアンブルーオパール2mm)…適量
- ビーズキャップ(7mm)…1個
- デザインピン(30mm)…1本
- 9ピン(40mm)…2本
- 丸カン(3mm)…1個
- 布・金属用接着剤

てまり

A 円周…6×6.5cm (だ円型)
地巻き糸…深緑
地割り…10等分
地割り糸…金
モチーフ…菱つなぎ (⇒p.73)

B 円周…5cm、6cm各1個
地巻き糸…赤茶
地割り…10等分
地割り糸…金
モチーフ…花桃(⇒p.58)のアレンジ

A

菱	● 都羽根絹手ぬい糸 [100]	1段	
	● 都羽根絹手ぬい糸 [115]	1段	
	● 都羽根絹手ぬい糸 [146]	1段	
	● 都羽根絹手ぬい糸 [144]	1段	
松葉	フジックスメタリックミシン糸 [902]	片側5本	

B

		6cm	5cm
花	● 都羽根絹手ぬい糸 [5]	2段	1段
	● 都羽根絹手ぬい糸 [16]	2段	1段
	● 都羽根絹手ぬい糸 [65]	2段	1段
	DMC ライトエフェクト糸 [E825]	1段	1段
	● 都羽根絹手ぬい糸 [27]	2段	1段
	○ 都羽根絹手ぬい糸 [白]	4段	1段
	● DMC ライトエフェクト糸 [E825]	1段	1段
松葉	● DMC ライトエフェクト糸 [E825]	片側5本	

A

① てまりは、土台まりをつくるときにだ円に整形してからつくる。てまりの中心に穴をあけ(⇒p.95)、9ピンを通す。

② ①の9ピンにビーズキャップ、チェコビーズの順に通し、先端に輪をつくる(⇒p.95)。

③ デザインピンを通して輪をつくった淡水パールをてまりの下部の輪につなぐ。

④ 図のように、カニカンとてまりを丸カンでつなげたら、イヤホンジャックにカニカンをつなぐ。

B

① てまりの中心に穴をあけ(⇒p.95)、モチーフのない極同士を合わせるようにして、てまり6cm、5cmの順に9ピンを通したら、布・金属用接着剤を穴につける。

② ①の9ピンにビーズキャップを通し、先端に輪をつくる(⇒p.95)。

③ てまりの下部の輪に、9ピンを使ってターコイズと、デザインピンを使ってアンバーをつなぐ。

④ 図のように、カニカンとてまりを丸カンでつなげたら、イヤホンジャックにカニカンをつなぐ。

B

極
赤道
0.5cm

○ 2周め
○
○

● 1周め
○
○

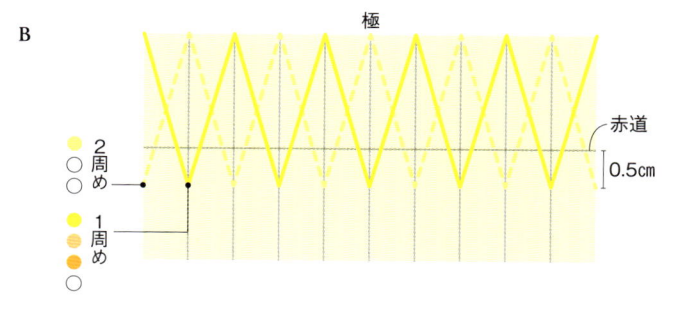

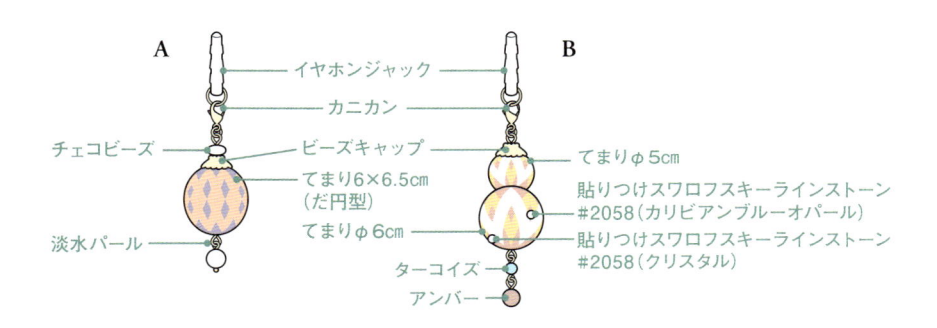

A

- イヤホンジャック
- カニカン
- チェコビーズ
- ビーズキャップ
- てまり6×6.5cm（だ円型）
- 淡水パール

B

- イヤホンジャック
- カニカン
- てまりφ5cm
- 貼りつけスワロフスキーラインストーン #2058（カリビアンブルーオパール）
- てまりφ6cm
- 貼りつけスワロフスキーラインストーン #2058（クリスタル）
- ターコイズ
- アンバー

Pendant & pierce of small flowers
小さな花たちのペンダント＆ピアス
Page 26

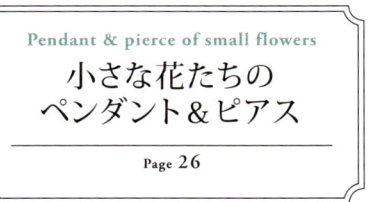

① てまりの中心に穴をあけ（⇒p.95）、9ピンを通す。先端に輪をつくる（⇒p.95）。

② デザインピンを通して輪をつくった淡水パールをてまりの下部の輪につなぐ。

③ 図のように、ペンダントはバチカン、ピアスはピアスフックと、てまりをつなぐ。

④ ペンダントは好みのチェーンに通す。

てまり

円周…ペンダント：6cm、ピアス：4cm ×2個
地巻き糸…白
地割り…8等分
地割り糸…金
モチーフ…二ツ菊（⇒p.50）

		ペンダント	ピアス
花	● 都羽根絹手ぬい糸［黒］	2周×各1段	2周×各1段
花	● 都羽根絹手ぬい糸［78］	2周×各3段	2周×各2段
帯	● オリヅル絹穴糸［136］	赤道の上下に各3段	赤道の上下に各2段
帯	● 都羽根絹手ぬい糸［65］	千鳥かがり2周	

材料

ペンダント
- てまり…1個
- 淡水パール（ライス10×8mm）…1個
- バチカン（10×5mm）…1個
- チェーン…1本
- デザインピン（30mm）…1本
- 9ピン（40mm）…1本

ピアス
- てまり…2個
- 淡水パール（ライス10×8mm）…2個
- ピアスフック…1ペア
- デザインピン（30mm）…2本
- 9ピン（40mm）…2本

ペンダント
- バチカン
- てまりφ6cm
- 淡水パール

ピアス
- ピアスフック
- てまりφ4cm
- 淡水パール

Pendants of fireworks
花火のペンダント
Page 27

材料

A
- てまり…1個
- チェーン…1本
- バチカン(10×5mm)…1個
- デザインピン(30mm)…1本

B
- てまり…1個
- チェーン…1本
- バチカン(11×4mm)…1個
- デザインピン(40mm)…1本

てまり

A 円周…6cm
　地巻き糸…黒
　地割り…12等分
　地割り糸　金
　モチーフ…二ツ菊(⇒p.50)

B 円周…8cm
　地巻き糸…黒
　地割り…16等分
　地割り糸…金
　モチーフ…二ツ菊(⇒p.50)

A

花	● 都羽根絹手ぬい糸 [155]	2周×各1段
花	● 都羽根絹手ぬい糸 [147]	2周×各1段
花	● 都羽根絹手ぬい糸 [16]	2周×各1段
花	● 都羽根絹手ぬい糸 [83]	2周×各1段
帯	● DMC ディアマント [D3821]	赤道の上下に各3段
帯	● 都羽根絹手ぬい糸 [25]	千鳥かがり2周
松葉	● フジックスメタリックミシン糸 [901]	片側6本

B

花	● 都羽根絹手ぬい糸 [173]	2周×各1段
花	● 都羽根絹手ぬい糸 [149]	2周×各1段
花	● 都羽根絹手ぬい糸 [158]	1周×各2段
花	● 都羽根絹手ぬい糸 [162]	1周×各2段
花	● 都羽根絹手ぬい糸 [153]	2周×各1段
花	● フジックスメタリックミシン糸 [901]	2周×各1段
帯	○ オリヅル絹穴糸 [00]	赤道の上下に各3段
帯	● フジックスメタリックミシン糸 [901]	千鳥かがり3周
松葉	● フジックスメタリックミシン糸 [901]	片側8本

＊花の3～4段めは、通常1色でかがるところ、1周めを● [158]、2周めを● [162] の糸でかがる

① てまりの中心に穴をあけ(⇒p.95)、デザインピンを通す。先端に輪をつくる(⇒p.95)。

② 図のように、てまりとバチカンをつなぐ。好みのチェーンに通す。

A
- チェーン
- バチカン
- てまり φ6cm

B
- チェーン
- バチカン
- てまり φ8cm

Lariat of wild flowers

野の花のラリエット

Page 28

てまり

A 円周…6cm
～ 地巻き糸…A・B：緑、C：白
C 地割り…8等分
　地割り糸…金
　モチーフ…二ツ菊(⇒p.50)

D 円周…6cm
　地巻き糸…緑
　地割り…6等分
　地割り糸…金
　モチーフ…水仙(⇒p.62)のアレンジ

A	花	○ DMC25番刺繡糸 [743]	2周×各3段
	帯	● オリヅル絹穴糸 [165]	赤道の上に1段
B	花	○ DMC25番刺繡糸 [3689]	2周×各3段
	帯	● オリヅル絹穴糸 [165]	赤道の上に1段
C	花	○ DMC25番刺繡糸 [3608]	2周×各3段
	帯	● オリヅル絹穴糸 [165]	赤道の上に1段
D	花	○ DMC25番刺繡糸 [743]	1段
		● DMC25番刺繡糸 [826]	2段
	帯	● オリヅル絹穴糸 [29]	赤道の上に1段

＊Dの図案は水仙の「三羽根亀甲」を1周のみかがる

材料

てまり…4個
メタルビーズ(ラウンドツイスト6mm)…1個
メタルビーズ(ラウンドツイスト9mm)…1個
メタルビーズ(ライスツイスト7×3mm)…4個
ミニタッセル…1個
シルクビーズコード(0.65mm)…110cm
つぶし玉…19個

① てまり4個それぞれの中心に穴をあける(⇒p.95)。てまりBの穴の脇にミニタッセルを縫いつける。

② 図の順に、すべてのパーツにシルクビーズコードを通し、平ペンチを使い、図の位置でつぶし玉をつぶす。

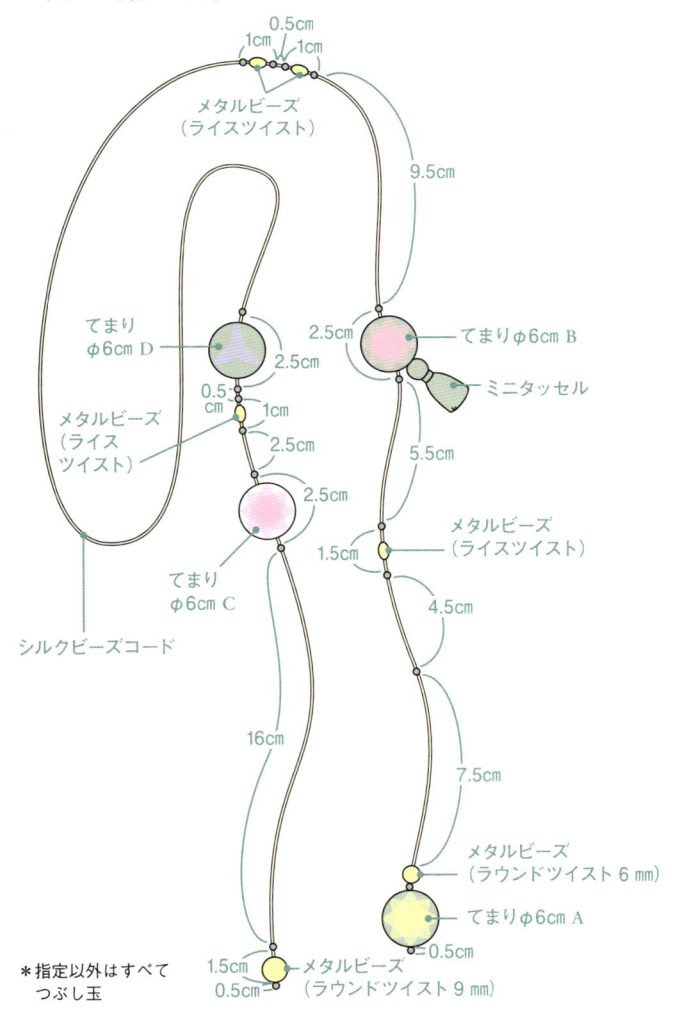

＊指定以外はすべてつぶし玉

How to make／Lesson2　87

Brooch of secret night
秘密の夜のブローチ
Page 30

材料

A
- 貼りつけパール(4mm)…1個
- 貼りつけパール(2mm)…2個

B
- 貼りつけスワロフスキーラインストーン #2058(クリスタル4mm)…1個
- 貼りつけスワロフスキーラインストーン #2058(クリスタル2mm)…2個
- 0.7cm幅ベロアリボン…6cm
- 0.3cm幅ベロアリボン…1.5cm

共通
- てまり…1個
- シャワーブローチ台（ヘアクリップつき25mm）…1個

てまり

- 円周…8cm(半球)
- 地巻き糸…A：ピンク、B：黒
- 地割り…16等分
- 地割り糸　金
- モチーフ…二ツ菊(⇒p.50)

A	花	● DMC25番刺繡糸 [3881]	2周× 各1段
		● DMC25番刺繡糸 [743]	2周× 各1段
		● DMC25番刺繡糸 [3689]	2周× 各1段
	松葉	● フジックスメタリックミシン糸 [901]	片側 8本
B	花	● DMC25番刺繡糸 [3805]	2周× 各1段
		● DMC25番刺繡糸 [826]	2周× 各1段
		● DMC25番刺繡糸 [3816]	2周× 各1段
	松葉	● フジックスメタリックミシン糸 [901]	片側 8本

① A、B共に半球のてまりをつくり、シャワーブローチ台にとりつける（下写真）。

② Aは好みの位置に貼りつけパール（Bの場合はスワロ）を貼る。

③ Bのリボンは、0.7cm幅ベロアリボンを輪にし、中央を糸で2～3回巻き留める。

④ ③の糸の上に0.3cm幅ベロアリボンを巻いて裏で縫い留めたら、ブローチに縫いつける。

ブローチのシャワー台をわたでくるみ、半球状になるよう、台の上側にわたを集める。

半球状になるようかたちを整えながら、土台まりをつくる要領で糸を巻く。

極と柱の位置を決める。半球の裏が南極、下辺が赤道となる。

16等分に地割りをする。

半球にモチーフをかがる。

ブローチ台にてまりをのせたら、爪をペンチで曲げて固定する。

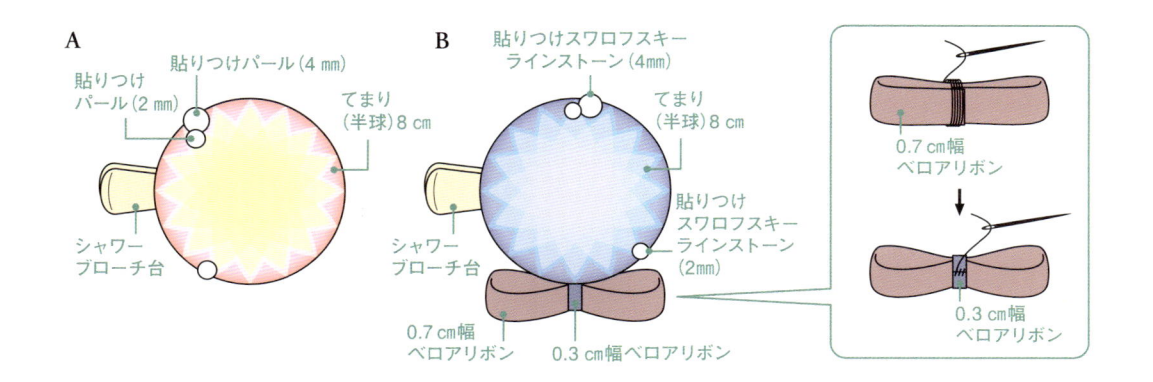

A
貼りつけパール(2mm)
貼りつけパール(4mm)
てまり(半球)8cm
シャワーブローチ台

B
貼りつけスワロフスキーラインストーン(4mm)
てまり(半球)8cm
貼りつけスワロフスキーラインストーン(2mm)
シャワーブローチ台
0.7cm幅ベロアリボン
0.3cm幅ベロアリボン

0.7cm幅ベロアリボン
0.3cm幅ベロアリボン

Chic gentleman's hatpin

小粋な紳士のハットピン

Page 31

材料

てまり…1個
ビーズキャップ(8mm)…1個
メタルチャーム(菱形15×8mm)…4個
ハットピン(つぶし玉つき)…1本
デザインチェーン(3mm)…1cm
丸カン(3mm)…1個

てまり

円周…8cm
地割り糸…金
地巻き糸…青
モチーフ…観世八重菊(⇒p.55)
地割り…16等分

花			
●	都羽根絹手ぬい糸	[65]	1段
○	都羽根絹手ぬい糸	[17]	1段
●	都羽根絹手ぬい糸	[50]	1段
●	都羽根絹手ぬい糸	[25]	1段
○	都羽根絹手ぬい糸	[213]	1段

＊[213]のみ1本どり

① メタルチャーム4個を丸カンでまとめ、デザインチェーンの先につなぐ。

② てまりの中心に穴をあけ(⇒p.95)、ビーズキャップ、デザインチェーン、てまり、つぶし玉の順にハットピンに通したら、つぶし玉をペンチでつぶす。

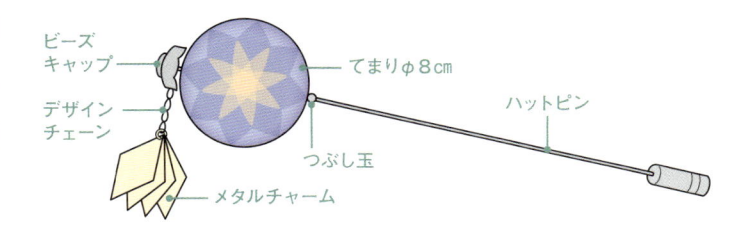

ビーズキャップ
デザインチェーン
メタルチャーム
てまりφ8cm
つぶし玉
ハットピン

Ring got from the magician
魔法使いにもらった リング
Page 32

材料
てまり…1個
爪つきリング台…1個

リング台の爪をペンチで広げ、そこにてまりをのせたら、爪をペンチで曲げて固定する。

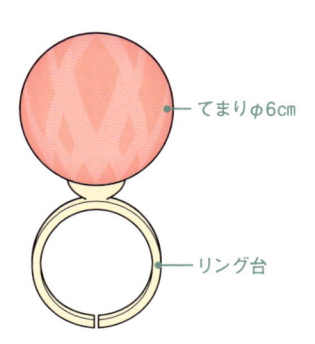

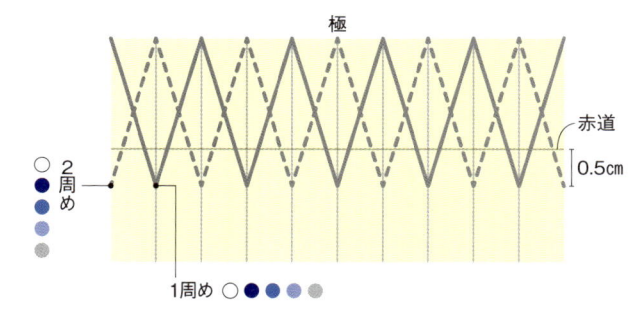

てまりφ6cm
リング台

てまり
円周…6cm
地巻き糸…ピンク
地割り…10等分
地割り糸…金
モチーフ…二ツ菊（⇒p.50）のアレンジ

花	○ 都羽根絹手ぬい糸［白］	1段
	● 都羽根絹手ぬい糸［50］	1段
	● 都羽根絹手ぬい糸［175］	1段
	● 都羽根絹手ぬい糸［73］	1段
	● 都羽根絹手ぬい糸［121］	2段
	● フジックスメタリックミシン糸［901］	1段
松葉	● フジックスメタリックミシン糸［901］	片側15本

極
赤道
0.5cm
2周め
1周め ○●●●●

Hair accessary of the bouquet which girl gave
あの子がくれた ブーケのヘアゴム
Page 33

材料
てまり…1個
ガラスビーズ（20×15mm）…1個
カンつきヘアゴム…1個
デザインピン（40mm）…1本
9ピン（40mm）…1本

てまりφ8cm
ガラスビーズ
カンつきヘアゴム

① てまりの中心に穴をあけ（⇒p.95）、先をつぶした9ピンを通したら、先端に輪をつくる（⇒p.95）。

② ガラスビーズにもデザインピンを通して輪をつくったら、図のように、てまりとビーズをヘアゴムのカンにつなぐ。

てまり
円周…8cm
地巻き糸…ピンク
地割り…10等分
地割り糸…薄ピンク
モチーフ…菱つなぎ（⇒p.73）

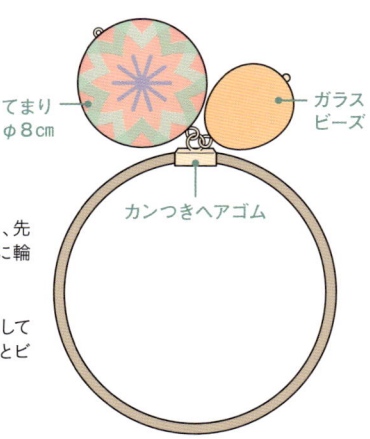

花	● Fremme 花糸［302］	3段
	○ Fremme 花糸［600］	1段
	● Fremme 花糸［505］	3段
	○ Fremme 花糸［600］	1段
松葉	● Fremme 花糸［17］	1段
	● Fremme 花糸［53］	玉結び

＊「Fremme 花糸」はデンマーク製の太めの刺繍糸。1本どりでかがる

Bracelet of first snow
初雪のブレスレット
Page 34

材料
てまり…1個
メタルパーツ(スノークリスタル20×15mm)…1個
スワロクリスタル♯6704…1個
ブレスレット用チェーン(5mm)…1本
デザインピン(30mm)…1本
丸カン(30mm)…3個

てまり
円周…6cm
地巻き糸…濃紺
地割り…12等分
地割り糸…銀
モチーフ…福寿草(⇒p.68)のアレンジ

花	○ DMC25番刺繍糸 [BLANC]	3段
	○ DMC25番刺繍糸 [BLANC]	1段
帯	○ DMC25番刺繍糸 [BLANC]	赤道の上下に各2段
	○ DMC25番刺繍糸 [BLANC]	千鳥かがり2周

① てまりの中心に穴をあけ(⇒p.95)、デザインピンを通す。先端に輪をつくる(⇒p.95)。

② 図のように、てまり、メタルパーツ、スワロクリスタルをそれぞれ丸カンでチェーンにつなぐ。

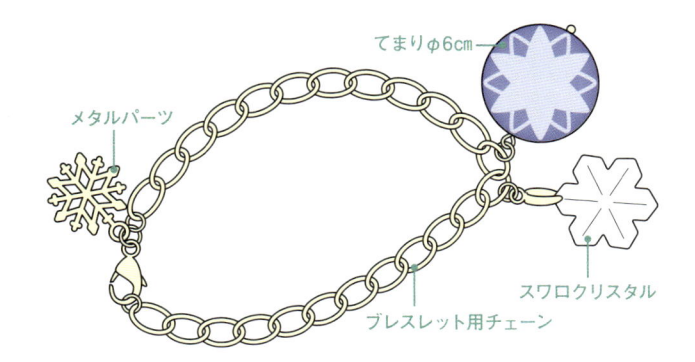

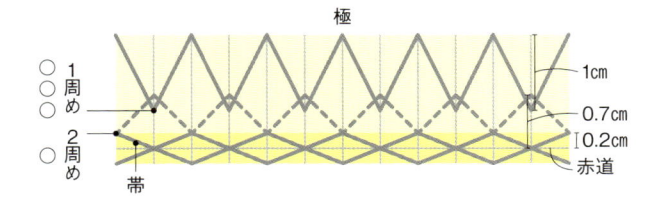

てまりφ6cm
メタルパーツ
スワロクリスタル
ブレスレット用チェーン

極
1周め
2周め
帯
赤道
1cm
0.7cm
0.2cm

Stole of starry sky
星空のストール
Page 35

材料

てまり…10個
ストール…1枚
メタルパーツ(スター15×15mm)…1個
メタルパーツ(スター8×8mm)…1個

てまり

円周…6cm
地巻き糸…青2個、紺4個、黒2個、濃グレー2個
地割り…8等分
地割り糸…地巻き糸と同色

＊地巻き糸は、ほどいたリリヤン糸［金］(ほどき方は写真参照)といっしょに巻く
＊地割りは、地巻き糸のほつれ止め用のため、寸法を厳密に測らなくてもよい

① 地割りを済ませたてまり5個をストールの端に、等間隔に縫いつける。図のように、メタルパーツ2個も縫いつける。

② 反対端にも同様にてまり5個を縫いつける。

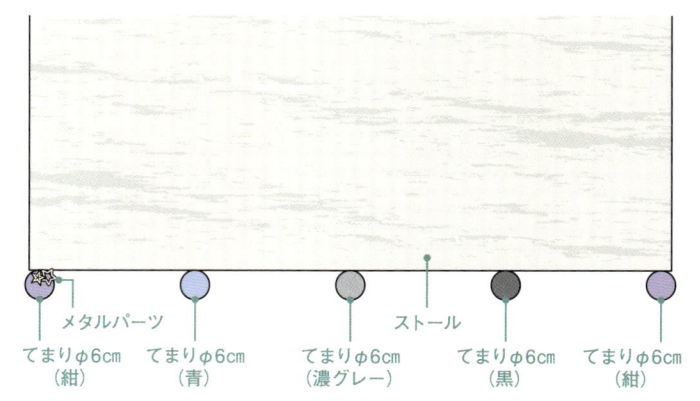

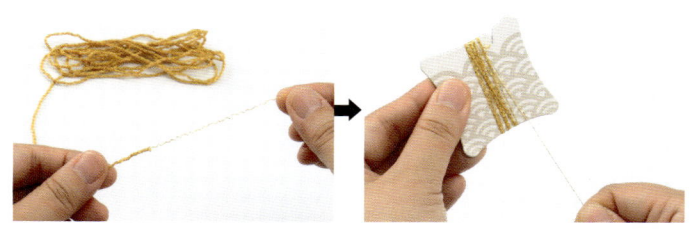

メタルパーツ
てまりφ6cm（紺）
てまりφ6cm（青）
てまりφ6cm（濃グレー）
ストール
てまりφ6cm（黒）
てまりφ6cm（紺）

細く編み込まれたリリヤン糸の糸端をつまんで引っ張る。

ほどいた糸は糸巻きに巻いておくとよい、

Charm of first love
初恋みたいな バッグチャーム
Page 36

材料
てまり…1個
フロストクオーツ(ラウンド12mm)…1個
マイクロマクラメコード(白)…30cm
布・金属用接着剤

てまり
円周…10cm
地巻き糸…ピンク
地割り…10等分
地割り糸…銀
モチーフ…二ツ菊(⇒p.50)
　　　　　赤道から0.8cmの位置でスタート

花	○ DMC8 番糸 [BLANC]	2周×各3段
帯	○ DMC8 番糸 [BLANC]	赤道の上下に 各1段

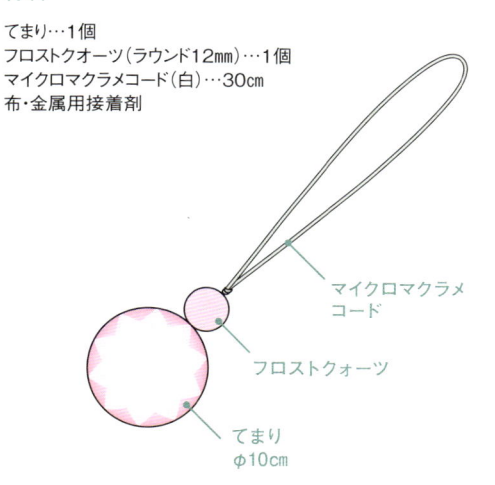

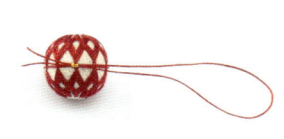

マイクロマクラメコード
フロストクオーツ
てまり φ10cm

① てまりの帯の上にふたつ折りにしたマクラメコードを縫いつける(写真では見やすいよう、作品とは別の糸を使用)。

② マクラメコードにフロストクオーツを通す。

③ 布・金属用接着剤をフロストクオーツの穴につけて乾かす。

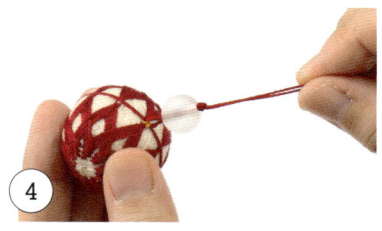

④ 結びめがフロストクオーツの上にくるように、マクラメコードの輪をひと結びする。

How to make / Lesson2

Garland of rainbow
虹をとじこめた ガーランド
Page 37

材料
てまり…12個
シルクビーズコード(0.7mm)…150cm
布・金属用接着剤

① 地割りを済ませたてまり12個それぞれの中心に穴をあける(⇒p.95)。

② 図のように、好みのバランスでてまりにシルクビーズコードを通す。それぞれの穴に布・金属用接着剤をつけて固定してもよい。

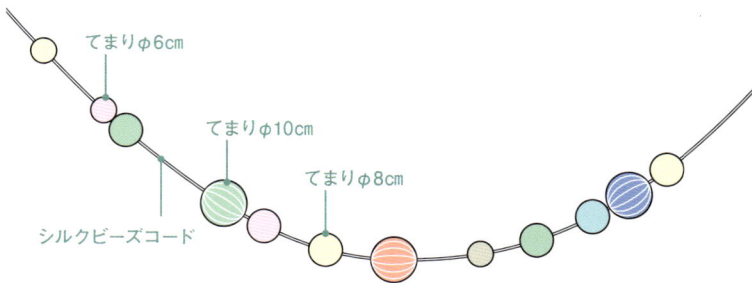

てまりφ6cm
てまりφ10cm
てまりφ8cm
シルクビーズコード

てまり

てまりφ10cm
円周…10cm
地巻き糸 …モスグリーン1個、赤1個、紺1個
地割り…20等分
地割り糸…フジックスMOCO [802][801][803]

てまりφ8cm
円周…8cm
地巻き糸…緑2個、ピンク1個、クリーム2個、エメラルドグリーン1個
地割り…10等分
地割り糸…地巻き糸と同色または金

てまりφ6cm
円周…6cm
地巻き糸…生成り1個、ピンク1個、カーキ1個
地割り…8等分
地割り糸…地巻き糸と同色

＊地割りは、地巻き糸のほつれ止め用のため、寸法は厳密に測らなくてもよい
＊てまりφ10cmは赤道に糸をまかない

Pincushion of warm colors
あったか色の ピンクッション
Page 38

材料
てまり…1個
直径3cmの白木の器…1個
＊好みの小さな器でOK

A 花	○ DMC25番刺繍糸 [BLANC]	4段
	● DMC25番刺繍糸 [3046]	4段
	● DMC25番刺繍糸 [3371]	4段
B 花	● DMC25番刺繍糸 [794]	4段
	● DMC25番刺繍糸 [3608]	4段
	● DMC25番刺繍糸 [3608]	2段
	● DMC25番刺繍糸 [794]	2段

＊刺繍糸はすべて4本どり
＊モチーフをかがる前に、てまりを器に入れ、器の高さに印をつける。そこを赤道としてかがるとモチーフの収まりがよい

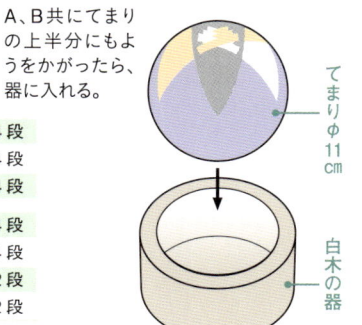

A、B共にてまりの上半分にもようをかがったら、器に入れる。

てまりφ11cm
白木の器

てまり

A 円周…11cm
地巻き糸…水色
地割り…6等分
地割り糸…オレンジ
モチーフ…三つ重ねつむ (⇒p.72)

B 円周…11cm
地巻き糸…白
地割り…4等分
地割り糸…紫
モチーフ…つむ十字 (⇒p.70)

雑貨のきほん ❶
てまりにパーツを通す

てまりを雑貨に加工する際、もっともよく登場するのが「てまりの中心に穴を開けパーツを通す」工程です。

道具
針、目打ち

① てまりの中心に針を刺し、ゆっくり押し出すように力を加えて、針を貫通させる。

② 針で帯やかがり糸をわらないように、もう1本の針を使って糸をよける。

③ 「かんざし金具」など太めのパーツを通すときは、穴を大きくするため、目打ちを穴に刺す。

④ パーツを穴に差し入れる。

⑤ てまりの形を整える。

雑貨のきほん ❷
パーツどうしをつなぐ

ネックレスなどアクセサリーをつくる際は、ピンを通し、その先端を丸めてパーツどうしをつなぎます。片側のみつなぐ場合はTピンまたはデザインピン、両側をつなぐ場合は、9ピンを使用して。

道具
円加工用丸ペンチ、丸ペンチ、平ペンチ

① 「てまりにパーツを通す」手順①、②、④の要領でてまりに止まるまでピンを差し入れる。

② ピンを指で押さえ、てまりの際の位置で90°曲げる。

③ てまりの際から0.7㎝の位置で、ニッパーを使ってピンをカットする。

④ 円加工用丸ペンチ（または丸ペンチ）でピンの先端をはさみ、手首を返すようにペンチを半回転させる。

⑤ 手順④を数度くり返し、ピンを丸める。

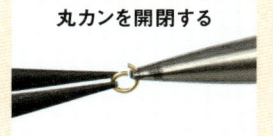

丸カンを開閉する

Point 丸カンの左右を丸ペンチと平ペンチではさみ、丸カンを前後にねじるように力を加える。閉じる際は反対方向に力を加える。

著者紹介
寺島綾子

幼いころからお裁縫が大好きで、ぬいぐるみや刺繍を施した布小物などさまざまなものを手づくりしているなか、加賀てまり、加賀ゆびぬきに出会う。小手毬の会・小出孝子先生、加賀ゆびぬきの会・大西由紀子先生に師事。てまりやゆびぬきのレッスンを行う傍ら、イベント等で作品の制作、販売も行っている。

inuinunuinui.cocolog-nifty.com/ayakumapu/

スタッフ

撮影	masaco
	天野憲仁(株式会社日本文芸社)
スタイリング	鈴木亜希子
デザイン	小笠原菜子(monostore)
イラスト・DTP	土屋裕子(WADE)
編集	株式会社スリーシーズン
	(土屋まり子、永渕美加子)

小さなてまりとかわいい雑貨

2014年11月30日　第1刷発行
2022年6月10日　第8刷発行

著　者　寺島綾子
発行者　吉田芳史
印刷所　図書印刷株式会社
製本所　図書印刷株式会社
発行所　株式会社日本文芸社
　　　　〒100-0003　東京都千代田区一ツ橋1-1-1
　　　　パレスサイドビル8F
TEL　　03-5224-6460(代表)
Printed in Japan　112141104-112220527 Ⓝ08
　　　　　　　(201007)
ISBN978-4-537-21226-6
URL　　https://www.nihonbungeisha.co.jp/

©AyakoTerajima 2014

乱丁・落丁本などの不良品がありましたら、小社製作部宛にお送りください。送料小社負担にておとりかえいたします。法律で認められた場合を除いて、本書からの複写・転載(電子化を含む)は禁じられています。また、代行業者等の第三者による電子データ化及び電子書籍化は、いかなる場合も認められていません。
(編集担当:角田)